LE TRANSFERT ÉLECTRONIQUE DE FONDS

Le transfert rapide d'argent et la monnaie électronique

Cheikh Abdou Wakhab Ndiaye

Le transfert électronique de fonds

Le transfert rapide d'argent et la monnaie électronique

L'Harmattan Sénégal

10 VDN, Sicap Amitié 3, Lotissement Cité Police, DAKAR

http://www.harmattansenegal.com
senharmattan@gmail.com
senlibrairie@gmail.com

ISBN : 978-2-343-15690-3
EAN : 9782343156903

PRÉFACE

Le Sénégal est en train de réagir à la numérisation tous azimuts de l'économie. Il est sur le point d'adopter la « Stratégie Sénégal numérique 2016-2025 ». *Il est aujourd'hui acquis que, dans cette économie qui est devenue numérique, l'Afrique n'a aucun rattrapage à faire. Au contraire, il a été constaté depuis longtemps qu'en la matière, l'innovation provient le plus souvent, des pays africains. En conséquence, saisir les opportunités qu'offre le numérique en vue de créer de nouvelles niches de richesses me semble plus pertinent que d'accroitre la dette du pays en vue d'exploiter des ressources pétrolières dont le cours ne cesse de baisser au point de mettre en crise certaines villes africaines (Port gentil au Gabon cherche aujourd'hui une alternative dans l'économie du bois...).*

Le travail préparatoire de cette stratégie a fait ressortir un certain nombre de contraintes notamment juridiques susceptibles de faire obstacle à une bonne transition numérique. Il s'agit entre autre, des « barrières juridiques qui affectent la libération des énergies, l'éclosion d'acteurs porteurs de projet et l'amélioration de la compétitivité du secteur ». *Le chef de l'Etat lors d'un conseil des ministres (mois de juin 2016) a même rappelé l'urgence de finaliser cette* « Stratégie Sénégal Numérique ». *L'intérêt des plus hautes autorités de disposer d'une stratégie est donc manifeste ainsi que sa bonne mise en œuvre.*

Une des grandes orientations dégagée par la stratégie est de réformer le cadre juridique en procédant à sa mise à niveau. Il est prévu que ce travail se fera par « la refonte du corpus juridique ». *Pour cela il est fait état que* « le code des télécommunications nécessite une mise à jour pour prendre en compte l'aspect multidimensionnel du secteur, l'arrivée de nouveaux acteurs et des principes de régulation mieux en phase avec les objectifs du PSE. ».

Le livre de mon collègue Wakhab Ndiaye est certes une intéressante mise à disposition des nouveautés juridiques que la BCEAO a prise dans le domaine de la finance numérique. Pour moi, il est aussi, une contribution à la réflexion sur le droit et la prise en charge des nouveaux rapports économiques issus de la révolution numérique. Quel droit pour favoriser l'innovation et accélérer la croissance dans notre pays ? Quelles sont les conditions juridiques du développement de l'économie numérique dans notre pays ?

Une observation empirique nous permet de constater que dans notre pays et en Afrique, autant la demande en numérique s'accroit à vue d'œil, autant l'offre laisse à désirer et une des raisons de ce déséquilibre, entre l'offre et la demande en matière de solutions numériques, est l'inadaptation des normes juridiques à ce nouveau paradigme qu'est l'économie numérique.

Nous en voulons pour preuve que, beaucoup d'entrepreneurs de l'économie numérique au Sénégal, opèrent dans des conditions juridiques « floues » *et incertaines (Exemple conflit Wari/BCEAO). Par ailleurs,* «de nombreuses dispositions incitatives font défaut au Sénégal, conduisant à une grande fragilité/mortalité des PME du numérique». *Enfin,* «au-delà des aspects stricto sensu liés au numérique, l'environnement réglementaire favorable au développement du secteur est directement impacté par des dispositions plus générales concernant les différents régimes fiscaux ».

En conséquence, le gap juridique implicitement relevé dans la préparation de la « Stratégie Sénégal Numérique 2016-2025 »*, exige qu'une réflexion soit initiée pour mettre* *á la disposition de l'Etat les moyens de conduire efficacement l'exécution de la stratégie.*

Pour ce qui le concerne, le Professeur Wakhab Ndiaye a choisi de parler d'une des conditions d'exercice de ces nouvelles activités économiques : le transfert d'argent qui est une des composantes essentielles des services financiers numériques. En ce sens, ce livre que vous avez entre les mains contribue à confirmer l'idée que le numérique n'est pas un secteur d'activité, c'est la forme d'exercice de l'économie contemporaine ; que l'encadrement juridique des nouveaux acteurs économiques est une nécessité rationnelle et qu'il y a lieu de mettre en place de nouvelles formes de régulation.

Sur ce plan de la régulation, le livre révèle que nous sommes en présence de deux systèmes de régulation pour une même activité ou un même service. Le cadre juridique des services financiers numériques est caractérisé par la présence de deux catégories de textes découlant d'une part de la réglementation de l'activité bancaire et, d'autre part de la législation des activités de communication électronique. Cette dualité, même si elle n'est pas dirimante, peut participer des limites à l'effectivité des actions des autorités dans la régulation de l'activité dès lors qu'il n'y a pas une coordination effective entre les deux régulateurs.

Dans la réglementation, chaque régulateur possède sa propre procédure de contrôle de l'entrée des opérateurs dans le marché. Pour les communications électroniques, c'est soit l'autorité politique (licence) soit le régulateur (autorisation et entrée libre avec déclaration). Pour le marché bancaire, c'est le système d'agrément par l'autorité politique nationale en charge des finances mais, l'instruction du dossier est du ressort de la BCEAO. Un véritable système de coordination est donc nécessaire.

Outre le dualisme du cadre juridique et institutionnel, l'absence d'interopérabilité entre les plateformes peut limiter le développement des services monétaires par téléphone portable. Les opérateurs dominants ne veulent pas souvent ouvrir leurs équipements car cela pourrait constituer à leurs yeux un avantage concurrentiel dont bénéficieraient les autres opérateurs. Pourtant ce serait un vrai avantage pour les consommateurs que de pouvoir bénéficier de l'interopérabilité qui aurait permis d'éviter de voir dans les rues africaines l'image de trois ou quatre concurrents alignés côte à côte tout en assurant une baisse des frais surtout de transfert d'argent.

Professeur Abdoulaye SAKHO,
CRES/UCAD

Introduction

Le financement de l'activité économique est une pièce maîtresse dans le processus de développement, pour peu que l'on admette que le développement nécessite des investissements. « On ne peut (en effet) devenir entrepreneur qu'en devenant auparavant débiteur. Le premier besoin de l'entrepreneur est un besoin de pouvoir d'achat »[1], un besoin de crédit.

Essentiel pour l'entrepreneur en cela qu'il lui permet de mettre en œuvre ses innovations ; « le crédit est l'âme du commerce »[2]. De là, le dispensateur de crédit est le moteur de toutes les activités de son temps car, par l'office du crédit, il ouvre à l'entrepreneur le champ des biens économiques, avant même qu'il ait normalement le droit d'y puiser. Les systèmes économiques contemporains étant qualifiés d'économies de crédit, avoir un système financier sain et efficace est ainsi indispensable à la réalisation d'au moins trois grands objectifs de politique économique et sociale : la croissance économique, la réduction de la pauvreté et la stabilité macroéconomique[3].

---

1 J. A. SCHUMPETER, The Theory of Economy Development, Oxford University Press, London 1969, p. 70, cité par A. A. DIENG, Le rôle du système bancaire dans la mise en valeur de l'Afrique de l'Ouest, NEA 1982, p. 33.

2 v., S. THIAM, Les indigènes paysans entre maisons de commerce et administration coloniale : Pratiques et institutions de crédit au Sénégal (1840-1940), Thèse Montpellier I et Gaston BERGER, 2001, p. 103.

3 R. NORD, Le défi du financement dans les pays en développement, in Quel secteur pour le financement des économies de l'UEMOA ?, L'harmattan, 2011, p. 23

Le système financier peut être défini comme un ensemble d'institutions qui mobilisent l'épargne auprès des agents à capacité de financement et les affectent à ceux qui ont besoin de moyens, pour être investie dans la création de richesses.

Le système financier sénégalais est composé d'établissements de crédit[4], d'un marché financier régional, d'institutions de micro finance, de sociétés d'assurance. Parallèlement à ce secteur organisé, s'est développée une multitude d'entités non reconnues que l'on a l'habitude de nommer « secteur financier informel »[5].

Par rapport à sa réglementation, le système financier relève plus du droit communautaire avec la CIMA pour l'assurance et l'UMOA[6] pour les établissements de crédit et les systèmes financiers décentralisés (SFD).

Alors que l'UMOA ne vise à harmoniser que les législations monétaire et bancaire, l'UEMOA s'est fixée un objectif plus ambitieux de créer entre les États membres un marché commun basé sur la libre circulation des personnes, des services, des capitaux, et vise à harmoniser toutes les législations économiques en vue de réaliser cet objectif. Les deux traités sont donc complémentaires pour favoriser à la

---

4 Ils se subdivisent en banque et en établissement financier à caractère bancaire.

5 Il s'agit d'un prolongement du système financier traditionnel qui continue ainsi à être pratiquée par toutes les couches de la population, même celles qui ont accès au système financier réglementé.

6 Traité du 12 mai 1962 instituant l'Union Monétaire Ouest Africaine (UMOA) entrée en vigueur le 1er novembre 1962. Le nouveau traité sera signé le 14 novembre 1973 à Paris. Le Traité constituant l'UMOA est complété par le Traité de l'Union Economique et Monétaire Ouest Africaine (UEMOA) entré en vigueur le 13 janvier 1994. L'UMOA se caractérise par la reconnaissance d'une unité monétaire dont l'émission est confiée à un institut d'émission commun prêtant son concours aux économies nationales, sous le contrôle des Gouvernements.

fois une union monétaire et une zone de libre-échange en développement.

Dans le cadre de la réglementation des établissements de crédit et des SFD, l'UMOA a opté pour le mécanisme de l'uniformisation[7]. Par ce mécanisme, les États membres mettent « l'uniforme » dans un secteur déterminé. C'est l'occasion d'une véritable renonciation de souveraineté venant des États membres. Les législateurs nationaux laissent leur place au législateur communautaire. Le Conseil des Ministres de l'Union adopte des réglementations uniformes appliquées dans l'ensemble des États parties.

La spécificité du droit communautaire est d'être « un système juridique propre, intégré aux systèmes juridiques des États membres »[8]. Il « fait partie intégrante, avec rang de priorité, de l'ordre juridique applicable sur le territoire de chacun des États membres »[9]. Le droit communautaire bénéficie donc, vis-à-vis de l'ordre juridique des États membres, d'une autonomie, d'une intégration immédiate, et de la primauté.

En signant et ratifiant les engagements communautaires, les États contractent l'obligation d'y conformer leur législation interne, consacrant du même coup la primauté de ceux-là sur celle-ci. Cette primauté est réaffirmée par le Traité. L'article 6 du Traité de l'UEMOA, traité qui complète celui de l'UMOA[10], dispose que « les actes arrêtés par les organes de l'Union pour la réalisation des objectifs du présent traité et conformément aux règles et procédures instituées par celui-ci sont appliqués dans chaque État membre nonobstant toute législation nationale contraire, antérieure ou postérieure ».

---

7 Art. 22 du traité de l'UMOA

8 CJCE, arrêt du 15 juillet 1964 ; Costa ; aff. n°6/64 ; Rec., 1141.

9 CJCE, arrêt du 9 mars 1978 ; Simmenthal ; aff. n° 106/77 ; Rec., 629.

10 Art. 1er alinéa 2 du traité de l'UMOA

La méthode adoptée par l'UMOA pour organiser les établissements de crédit et les SFD peut cependant susciter le débat. En effet, ce sont des lois uniformes, annexées à des décisions du Conseil des Ministres et devant être votées par les Assemblées nationales des différents États membres. Peut ainsi se poser la nature juridique de telles lois. Comme les autres lois votées par l'Assemblée nationale, les lois sur les établissements de crédit et les SFD devraient avoir la valeur d'une loi nationale. Un tel rang aura la conséquence d'en faire des lois inférieures au droit OHADA, donc devant s'éclipser en cas de concurrence. Si la méthode de l'UMOA, adoptée aussi pour la réglementation du crédit-bail est « bizarre », la cohérence d'ensemble du Traité invite à une autre lecture.

La primauté du Droit communautaire sur les Droits nationaux ressort de ce que son insertion dans le Droit interne invalide toute norme nationale contraire existante ou postérieure. S'il en allait autrement, l'intégration resterait un vœu pieux, car, malgré les déclarations de bonnes intentions, la tentation de faire prévaloir les nécessités nationales reste présence forte dans les Administrations. Cette supériorité du droit communautaire sur le droit national est une condition existentielle pour le droit communautaire qui ne peut être qu'un droit commun, uniforme dans son application, ce que seule sa primauté garantit vraiment[11]. Elle bénéficie à l'ensemble des actes de droit communautaire, ce qui implique les sources de droit primaire, de droit dérivé, toutes les catégories décisoires de ce droit dérivé (règlement, directive, décisions), et les accords externes conclus par les Communautés[12]. En outre, si l'on considère que les normes

---

[11] CJCE 6 juillet 1964 ; Costa, Précité

[12] Avis n° 001/2003 de la Cour de justice de l'UEMOA, en date du 18 mars 2003 : « La primauté bénéficie à toutes les normes communautaires, primaires comme dérivées, immédiatement applicable ou non, et s'exerce à l'encontre de toutes les normes

communautaires créent les mêmes droits et obligations, au bénéfice ou à la charge de l'ensemble des personnes de l'espace communautaire, la défaillance d'un État crée un déséquilibre entre les personnes résidant sur son territoire et celles des autres. Enfin, reconnaitre le rang de loi nationale à ces « lois » de l'UMOA votées par l'Assemblée nationale installe une hégémonie du droit OHADA qui, pourtant, de plus en plus s'emploie à reconnaitre la possible application de lois spéciales en cas de conflit en cela qu'il se déclare droit commun. Or, la loi votée par l'Assemblée ne saurait être qualifiée de loi spéciale car elle n'est pas de même valeur juridique. Les actes uniformes de l'OHADA sont directement applicables et obligatoires dans les États-Parties, nonobstant toute disposition contraire de droit interne, antérieure ou postérieure[13].

Le monde du crédit s'organise principalement autour de deux normes. Dans le domaine bancaire, nous avons la loi n° 2008-26 du 28 juillet 2008 portant réglementation bancaire[14]

---

nationales…parce que l'ordre juridique communautaire l'emporte dans son intégralité sur les ordres juridiques nationaux » ; CJCE 17 décembre 1970 ; Internationale Handelsgesellschaft, aff. n°11/70, qu'il soit antérieur ou postérieur à l'acte communautaire impliqué, CJCE 29 novembre 1978 ; Pigs marketing Board ; aff. n° 83/78, et quel que soit le domaine du droit national concerné puisque l'efficacité du droit communautaire ne saurait varier selon ces différents secteurs, CJCE 21 mars 1972 ; SAIL ; aff. n° 82/71.

13 Art. 10 du Traité de l'OHADA.

14 Elle a abrogé et remplacé celle n° 90-06 du 26 juin 1990. La loi bancaire de 2008 ne s'applique pas :

- à la Banque CEAO,
- au Trésor Public ;
- aux institutions financières internationales,
- aux institutions publiques étrangères d'aide ou de coopération, dont l'activité sur le territoire du Sénégal est autorisée par des traités, accords ou conventions internationales auxquels est partie la République du Sénégal ;
- aux Sociétés de Gestion et d'intermédiation, ainsi qu'aux autres acteurs agréés du marché financier régional de l'UMOA ;

et, dans celui de la microfinance, la loi n°2008-47 du 3 septembre 2008 portant réglementation des systèmes financiers décentralisés au Sénégal. Ces lois organisent, entre autres, l'organisation générale de la distribution et du contrôle du crédit, les règles générales relatives aux activités de crédit, les acteurs de cette activité aussi bien au niveau de leur statut qu'au niveau des grandes orientations de leur environnement économique et notamment des conditions d'exercice, du gouvernement d'entreprise, des formes de contrôle, des règles de faillite, des sanctions.

En somme ces lois posent les cadres généraux de l'activité bancaire. Elles sont tout de même complétées par d'autres normes juridiques telles le Code des obligations civiles et commerciales (COCC) qui organise le droit commun sénégalais des contrats, les textes de l'OHADA, le Règlement de l'UEMOA 15/2002/CM du 19 septembre 2002 relatif aux systèmes de paiement, les conditions de banque de la BCEAO. Il existe aussi des règles applicables au marché bancaire et financier et qui concernent les règles de la BRVM. Comme tout droit professionnel, le droit bancaire n'est ainsi pas un droit autonome au même titre que, par exemple, le droit civil. Ses règles sont d'origine et de nature diverses mélangeant ainsi droit public et privé. C'est pour cette raison que l'on dit que le droit bancaire fait partie du droit économique.

Par ailleurs, de nouvelles lois sont venues renforcer l'arsenal juridique de notre système financier[15] et, pour certains, apporter des atténuations.

- aux systèmes financiers décentralisés, notamment les institutions mutualistes ou coopératives d'épargne et de crédit non agréées en qualité d'établissement de crédit
- à l'Administration et aux services financiers des Postes et Télécommunications.

[15] Par la loi n° 2014-02 du 6 janvier 2014 portant réglementation des Bureaux d'Information sur le Crédit dans les Etats membres de

l'Union monétaire Ouest africaine (UMOA), le législateur sénégalais a mis en place le Bureaux d'Information sur le Crédit « BIC » ou « Credit Reference Bureau »[15]. C'est une institution qui collecte, auprès des organismes financiers, des sources publiques et des grands facturiers (sociétés de fourniture d'eau, d'électricité, sociétés de téléphonie, etc.), des données sur les antécédents de crédit ou de paiement d'un client. Ces informations sont, ensuite, commercialisées auprès des Etablissements de crédit, des Systèmes Financiers Décentralisés (SFD) et des grands facturiers, sous la forme de rapports de solvabilité détaillés. La finalité du BIC permet d'avoir un système d'information crédible sur l'emprunteur et diminuer le risque de crédit. C'est une sorte de certificateur sur l'emprunteur[15]. Elle vise donc à participe aux actions d'amélioration du climat des affaires dans les Etats membres de l'Union Monétaire Ouest Africaine, (UMOA) qui figurent parmi les axes prioritaires de leurs politiques économiques. En effet, dans le rapport « DOING BUSINESS », publié annuellement par la Société Financière Internationale (IFC), les Etats membres de l'Union sont classés parmi les économies les moins performantes en matière de climat des affaires. Au nombre des critères utilisés pour classer les pays, figure celui relatif à « l'étendue de l'information sur le crédit », pour lequel les Etats membres de l'UMOA ont obtenu une très faible note, tandis que des pays dont l'environnement bancaire est analogue affichent des notes satisfaisantes[15].
L'agrément en qualité de BIC peut être délivré à toute personne morale présélectionnée à l'issue d'un appel à la concurrence. L'appel à la concurrence est organisé par la Banque Centrale.
La mission du BIC est tributaire du consentement du client. Il est impératif qu'il y ait une autorisation écrite, signée, spécifique et informée par laquelle, le client, personne physique ou morale, donne explicitement son accord au prêteur ou au fournisseur de services de partager les données le concernant, y compris ses données personnelles, avec les utilisateurs et le BIC ou pour consulter auprès du BIC des informations sur sa solvabilité.
Outre la loi sur le BIC, nous avons le décret n° 2009-95 en date du 6 février 2009, portant création et organisation de l'Observatoire de la Qualité des Services Financiers (O.Q.S.F/Sénégal)[15]. Créé au sein du Ministère de l'Economie et des Finances, l'observatoire placé sous l'autorité du Ministre en charge de ce domaine.
L'Observatoire de la Qualité des Services Financiers a pour objet d'assurer notamment :

Ces normes d'atténuation du système concernent plus la gestion des moyens de paiements. Les moyens de paiement sont tous les instruments qui, quel que soit le support ou le procédé technique utilisé, permettent à toute personne de transférer des fonds. Ce sont des « techniques juridiques destinées à permettre le paiement du créancier et plus généralement le transfert de fonds, sans manipulation de monnaie (billet et pièces) ». Il s'agit notamment, selon l'article 7 de la loi bancaire, des chèques bancaires, chèques de voyage, cartes de paiement et de retrait, virements[16] ou avis de prélèvement[17], cartes de crédit et transferts électroniques de fonds. Il est intéressant de noter que cette

---

- Le suivi de la qualité des services rendus à la clientèle par les établissements de crédit, les sociétés d'assurances, les institutions de micro finance ainsi que la Société Nationale la Poste ;
- l'information et le renseignement du public sur les services financiers ;
- l'élaboration de publications périodiques sur les services financiers ;
- l'établissement de guides de référence pour les services financiers en vue de les vulgariser auprès du public et de diffuser les meilleures pratiques en la matière ;
- la formulation de recommandations portant sur les services financiers ;
- assurer la mission de Médiation.

L'Observatoire procède à la collecte des renseignements requis par le biais d'études, d'enquêtes et de consultations, à leur traitement, à l'élaboration d'indicateurs pertinents et à l'analyse de l'ensemble des données disponibles, de manière à apprécier la qualité des prestations offertes par les institutions ciblées.

Concernant la médiation, c'est un médiateur financier nommés par arrêté du Ministre de l'Economie et des Finances et ayant pour mission de favoriser le règlement amiable des litiges individuels qui naissent entre les organismes financiers et la clientèle dans le domaine des services offerts, à l'exclusion des différends relatifs à leur politique commerciale (politique tarifaire, taux d'intérêt sur crédit, décision de refus de crédit etc...).

16 C'est l'opération qui consiste à débiter un compte pour en créditer un autre.

17 Le titulaire du compte autorise son créancier à prélever sur son compte toute somme due à ce dernier.

énumération est limitée quasiment aux moyens de paiement moderne. Le monde des affaires étant dominé par les impératifs de sécurité et de rapidité, les moyens de paiement moderne ont l'avantage de combiner ces deux intérêts. En effet, les opérations en espèce ont le mérite de la simplicité mais manquent d'utilité lorsqu'il s'agit d'opérer des règlements à distance ou pour des montants importants.

Compte tenu de la neutralité technologique par rapport au support, le transfert d'argent fait généralement référence à l'un des modes de paiement scripturaux ou à l'un des systèmes de paiement suivants :

- Le virement bancaire : c'est un transfert de fonds entre deux comptes bancaires, dans la même banque ou entre deux banques différentes. Il consiste pour la banque, à la demande du client, à adresser des fonds pour un montant donné dans une autre agence ou chez un autre banquier. Cet envoi peut bénéficier au client donneur d'ordre ou à un tiers. Le compte du client dans la banque sera débité. Et si, dans le délai de validité, le client ne retire pas l'intégralité de la somme envoyée, le solde sera rapatrié à la banque d'origine ;
- Transfert électronique de fonds, un terme générique utilisé principalement pour désigner les paiements par carte bancaire. La carte bancaire est un instrument qui est remis par le dispensateur de crédit à un client titulaire d'un compte et qui permet à ce dernier de retirer ou de transférer des fonds au profit de fournisseurs de biens ou de services[18].

Sur le fondement des lois de 2008 sur les établissements de crédit et les SFD, ces dispensateurs de crédit avaient le monopole de la pratique professionnelle des opérations de banque, donc de la gestion des moyens de paiement. En effet, la loi portant réglementation bancaire considère comme opérations de banque : la réception de fonds du public, les

[18] M. R. TCHEUMALIEU FANSI, Droit et pratique bancaire dans l'espace OHADA, L'Harmattan, 2013, p. 311.

opérations de crédit, ainsi que la mise à disposition de la clientèle et la gestion de moyens de paiement. Alors que l'agrément en qualité de banque offre la possibilité d'effectuer toutes les opérations précitées, celui des établissements financiers à caractère bancaire permet juste de faire les opérations pour lesquelles habilitation a été donnée. Aux termes de l'instruction n° 11-12/2010/RB relative au classement, aux opérations et à la forme juridique des établissements financiers à caractère bancaire, les établissements financiers à caractère bancaire sont classés en cinq catégories selon la nature des opérations qu'ils sont autorisés à effectuer :

✓ Catégorie 1 : établissements financiers de prêts ;

✓ Catégorie 2 : établissements financiers de crédit-bail ou de location avec option d'achat ;

✓ Catégorie 3 : établissements financiers d'affacturage ;

✓ Catégorie 4 : établissements financiers de cautionnement ;

✓ Catégorie 5 : établissements financiers de paiement.

Les établissements financiers dont les opérations relèvent de catégories différentes sont classés dans chacune des catégories correspondantes.

Les opérations des SFD sont : la collecte de dépôts, les opérations de prêt et l'engagement par signature[19].

Durant l'année 2015, deux instructions de la BCEAO sont venues « bouleverser » cette définition des compétences. D'une part, nous avons l'instruction n°008-05-2015 régissant les conditions et modalités d'exercice des activités des émetteurs de monnaie électronique dans les États membres de l'UMOA. D'autre part, il y a l'instruction ° 013-

[19] Exemples d'engagements par signature : l'aval, le cautionnement, la garantie

11-2015 relative aux modalités d'exercice de l'activité de transfert rapide d'argent en qualité de sous-agent au sein de l'UMOA.

Ces deux instructions ont fortement modifié la géographie du transfert d'argent dans la région. En effet, le marché a connu une évolution rapide au cours de ces dix dernières années. Selon l'état des services financiers 2016 produits par la BCEAO, au cours de l'exercice 2016, le nombre de comptes de monnaie électronique ouverts, en forte progression de 42,6 %, a permis de porter à 36,5 millions, le nombre de souscripteurs dans l'Union, contre 25,6 millions en 2015 et 18,2 millions en 2014. L'offre de services financiers via la téléphonie mobile a contribué de manière significative au relèvement du taux global d'utilisation des services financiers[20] qui, calculé hors comptes de monnaie électronique inactifs, s'est établi à fin décembre 2015, à 50,20 % pour un taux de bancarisation stricte[21] de 16,10 % et élargi de 35,50 %[22]. Le taux d'inclusion financière des populations de l'UEMOA qui prend en compte l'ensemble des comptes de monnaie électronique ouverts s'est élevé à 65,11 % à fin 2015, contre 60,43 % en 2014.

Le nombre de transactions en 2016 s'est chiffré à 735 millions contre 501 millions en 2015, et 259 millions en 2014, soit environ trois fois plus d'opérations réalisées entre 2014 et 2016. Ainsi, environ 2 millions d'opérations ont été traitées en moyenne par jour contre 1,4 million en 2015 par

---

[20] Taux d'utilisation des services financiers = taux de bancarisation élargi + taux d'utilisation des services de monnaie électronique / population adulte.

[21] Nombre de personnes physiques titulaires de comptes de dépôt ou de crédit dans les banques, les services postaux, les caisses d'épargne et le Trésor / la population adulte.

[22] Taux de bancarisation élargi : nombre de personnes physiques titulaires de comptes de dépôt et de crédit dans les banques, les services postaux, les caisses d'épargne, le Trésor et les systèmes financiers décentralisés / la population adulte.

l'ensemble des plateformes de paiement mobile existantes dans l'Union. La valeur de ces transactions s'est élevée à 11.500 milliards de francs CFA, en hausse de 55,1 % par rapport à fin décembre 2015. La valeur moyenne journalière des opérations est de 32 milliards de francs CFA à fin décembre 2016 contre 20,6 milliards de francs CFA en 2015, 10,3 milliards de francs CFA en 2014 et 4,4 milliards de francs CFA en 2013.

Toujours selon le rapport, d'une manière générale, l'activité mesurée par le nombre de souscripteurs, le volume et la valeur des transactions est encore portée par la Côte d'Ivoire. Du point de vue du nombre de souscripteurs, ce pays concentre une forte part de l'activité avec 12,8 millions de souscripteurs, soit 35,2 % du total de l'Union, suivie du Mali (6,8 millions), du Sénégal (4,4 millions), du Bénin (4,3 millions), du Burkina (4,1 millions) et du Niger (2,1 millions).

Au Bénin, l'activité progresse fortement avec une évolution du nombre d'opérations qui est passé de 14,7 millions en 2015 à 38,4 millions en 2016 pour une valeur de 919,5 milliards de francs CFA contre 205,4 milliards de francs CFA l'an dernier. On observe la même tendance au Togo où le volume de transactions a doublé sur la période pour atteindre 20,3 millions d'opérations d'une valeur de 263 milliards de francs CFA contre 101 milliards de francs CFA en 2015. Le Sénégal[23] et le Niger ont enregistré des évolutions similaires à fin décembre 2016 avec des volumes respectifs passant de 28 à 73 millions de transactions et de 27 à 40 millions de transactions évaluées à 571,1 milliards de francs CFA et 215,5 milliards de francs CFA.

---

[23] Le volume et la valeur des transactions indiqués pour le Sénégal ne prennent pas en compte les données de OFMS sur les 5 premiers mois de l'année (janvier à mai 2016).

Par rapport aux autres paiements de masse de l'Union, le montant et le nombre de transactions réalisés par la téléphonie mobile connaissent un fort accroissement. En 2016, on compte 12.583.759 opérations réalisées dans le Système Interbancaire de Compensation Automatisé (SICA-UEMOA)[24] et évaluées à 43.609 milliards de francs CFA et 7.160.866 opérations réalisées pour une valeur de 550,5 milliards de francs CFA via la carte bancaire sur la plate-forme du Groupement Interbancaire Monétique de l'UEMOA (GIM-UEMOA).

Le nombre d'opérations via la téléphonie mobile qui s'est élevé à 735.295.071 en 2016 est ainsi largement supérieur à celui enregistré dans SICA-UEMOA, à 12.583.759 opérations. Toutefois, il convient de relever que les paiements de SICA-UEMOA et du GIM-UEMOA sont

---

[24] Aux termes de la note d'information n°5/2017 BCEAO, SICA-UEMOA est un système automatisé de compensation des paiements de détail. Les paiements traités dans SICA-UEMOA sont principalement ordonnés via les virements de moins de 50 millions de FCFA, les chèques, les lettres de change et les billets à ordre. SICA-UEMOA permet aux institutions financières participantes d'exécuter les ordres de paiement reçus de leurs clientèles à travers un processus de compensation interbancaire. A l'issue du processus de compensation, les soldes par participant calculés par SICA-UEMOA sont réglés dans STAR-UEMOA. Les circuits de paiement existants dans les Etats membres de l'Union Economique et Monétaire Ouest Africaine (UEMOA) sont constitués essentiellement des : • systèmes gérés par la BCEAO : STAR-UEMOA (Système de Transfert Automatisé et de Règlement dans l'UEMOA), SICA-UEMOA (Système Interbancaire de Compensation Automatisé dans l'UEMOA) et SAGETIL-UMOA (Système Automatisé de Gestion des Titres et de la Liquidité de l'Union Monétaire Ouest Africaine) ; • systèmes gérés par les banques (réseaux intrabancaires, systèmes monétiques privatifs) ; • systèmes gérés par les établissements émetteurs de monnaie électronique ; • autres systèmes gérés par des acteurs privés, notamment de règlement-livraison de titres, de traitement de transactions monétiques interbancaires et de transfert rapide d'argent.

interbancaires tandis que les paiements via le téléphone portable sont pour l'essentiel de nature « intra-réseaux », eu égard à l'absence d'une plate-forme qui permettrait d'assurer leur interopérabilité.

Globalement, les transactions financières effectuées dans la zone UEMOA par le biais de la téléphonie mobile concernent essentiellement les opérations de rechargement de portemonnaies électroniques, de retrait d'espèces, de transfert de personne à personne et d'achat de crédit téléphonique qui représentent en volume et en valeur, respectivement, 90,46 % et 94,55 % des transactions totales. La part des paiements s'est établie en volume à 3,29 %, soit 24 millions d'opérations et en valeur à 4,61 %, estimé à 530 milliards de francs CFA.

En terme de valeur des flux échangés, les rechargements de porte-monnaie sont plus élevés avec 39,44 % de la valeur totale des transactions, suivis des retraits (34,60 %), des transferts de personne à personne (14,79 %), des paiements (4,61 %), des transactions intra-UEMOA (4,22 %), des achats de crédit téléphonique (1,51 %) et des échanges entre les distributeurs et les émetteurs (0,84 %). Les utilisateurs des services financiers via la téléphonie mobile retirent plus de trois quarts des fonds chargés sur les porte-monnaie électroniques. En effet, sur un montant total de 4.536 milliards de francs CFA chargé sur les comptes, 3.979 milliards de francs CFA sont retirés auprès des distributeurs, soit 88,78 % du montant des rechargements des porte-monnaie électroniques.

L'écosystème des services financiers via la téléphonie mobile dans l'UEMOA reste dominé par les établissements de monnaie électronique, filiales du groupe Orange. En 2016, trois filiales autonomes du Groupe Orange ont été agréées en qualité d'EME en Côte d'Ivoire, au Mali et au Sénégal. Au Niger, l'opérateur de téléphonie mobile maintient son partenariat avec la BOA. Les EME filiales du

Groupe Orange détiennent 35,70 % (13.018.752) de l'ensemble des comptes recensés dans l'Union, et 50,68 % (5.798.112) du nombre total de comptes actifs. Le partenariat de la Société Orange avec la BOA au Niger porte respectivement ces taux à 37,63 % et 51,33 %.

En termes de volumétrie, Orange Money Côte d'Ivoire et Orange Finances Services au Mali et au Sénégal ont ensemble réalisé 396 millions d'opérations, soit 53,92 % des transactions exécutées en 2016, pour une valeur de 6.419 milliards de francs CFA représentant 55,81 % de la valeur totale du flux de monnaie électronique échangé dans l'Union.

En définitive, l'UEMOA où l'introduction des services financiers par téléphonie mobile est très récente, présente une nette progression comparativement à l'Afrique de l'Est[25]. La valeur des transactions en 2016, chiffrée à 11.500 milliards de francs CFA, avoisine les chiffres du Kenya et de la Tanzanie en 2015 qui étaient respectivement d'environ 16.531 et 12.988 milliards de francs CFA.

Selon la note de conjoncture du mois de novembre 2017 de la Direction de la Prévision et des Études économiques (DPEE), les transferts rapides d'argent reçus par les établissements de crédit du Sénégal sont ressortis à 850 milliards sur les neuf premiers mois de 2017, en hausse de 18,1 % par rapport à la même période de l'année précédente. L'évolution trimestrielle des transferts reçus est marquée par une progression de 14 % enregistrée au troisième trimestre 2017, dans un contexte marqué par la célébration de la fête religieuse de Tabaski et la préparation de la rentrée scolaire

---

[25] En Afrique de l'Est, avec les pays qui constituent la Communauté Africaine de l'Est, est la zone pionnière ; A. SAKHO, Un cadre réglementaire pour une révolution venue d'AFRIQUE : les services financiers par téléphone mobile, Rev. LAMY de la Concurrence, Droit-Economie-Régulation, Trimestre Oct.-Déc. 2015, Wolters Kluwer, p. 98.

2017-2018. Les montants reçus ont, en effet, atteint 328,3 milliards entre juillet et septembre 2017 contre 288,1 milliards au cours du deuxième trimestre. S'agissant des émissions de transferts rapides d'argent effectuées par les établissements de crédit du Sénégal vers l'extérieur, elles sont estimées à 173,4 milliards sur les trois premiers trimestres de 2017, en hausse de 78,8 % par rapport à la même période un an auparavant. Durant le troisième trimestre 2017, les transferts émis ont atteint 76,9 milliards, progressant de 44,3 % en variation trimestrielle.

Sans conteste, l'activité de transfert électronique se développe dans la zone. « Les technologies de l'information et de la communication sont en train de contribuer à un développement fulgurant, voire même une transformation, du secteur bancaire notamment en facilitant l'accès des services financiers de base aux citoyens où qu'ils soient et quel que soit leur niveau de revenu »[26]. Au Sénégal, en raison du fort taux de pénétration de la téléphonie mobile[27] et du faible taux de bancarisation, le mobile-banking[28] représente

---

26 A. SAKHO, Un cadre réglementaire pour une révolution venue d'AFRIQUE : les services financiers par téléphone mobile, précité, p. 97.

27 En 2011, le taux de pénétration de la téléphonie mobile était de 77% devant un taux de bancarisation de 13%. Ce taux était de seulement 6%, quand on considère uniquement le secteur bancaire classique. (cf. Rapport Consortium pour la Recherche Economique et Sociale – CRES, Adoption et impact de l'utilisation du mobile banking sur le bien être des ménages: le cas de la banlieue de Dakar au Sénégal, 2013, p. 8). Selon la note de conjoncture du mois de novembre 2017 de la Direction de la Prévision et des Etudes Economiques (DPEE), le taux de pénétration de la téléphonie mobile est estimé à 105,5% à fin septembre 2017, s'améliorant de 0,8 point par rapport à la fin du trimestre précédent. En effet, la téléphonie mobile globalise un parc de 15 606 614 lignes au 30 septembre 2017, en progression trimestrielle de 1,1%.

28 Le mobile banking ou m-banking est un service qui utilise le téléphone portable pour offrir les services financiers.

l'espoir d'un important instrument d'inclusion financière des ménages à faible revenu[29].

Il sera donc question de s'interroger sur l'existence ou la mise en place d'un régime juridique et d'un environnement propices à son expansion. Il revient à voir dans quelle mesure l'UMOA a créé ou tenté de créer un climat incitatif pour l'activité. Une telle étude consiste en une analyse du régime et de l'environnement juridiques de l'activité afin de déceler les obstacles à son développement ainsi que les moyens pour les franchir.

Pour ce faire, la règlementation sera invitée à l'autel de la réflexion objective ou, du moins, juridique pour mieux appréhender l'activité de transfert, mieux favoriser son utilisation afin d'en faire un moyen efficace pour atteindre les objectifs qui lui sont assignés. Il est ainsi question de « modéliser » un phénomène afin de mieux le comprendre et de faciliter son exploitation et son expansion. L'étude ici menée constitue un point de vue académique qui ajoute un contrôle théorique aux outils et hypothèses utilisés par les spécialistes. Elle fournit une approche libérée de tous préjugés créés par l'appartenance aux métiers de la banque. Le droit applicable est alors invité au banc des accusés pour être analysé.

Sécurité, rentabilité et accessibilité étant les trois piliers pour un développement du transfert électronique, il s'agira de les analyser dans l'étude d'une part du transfert rapide d'argent et, d'autre part, de la monnaie électronique.

---

[29] Rapport Consortium pour la Recherche Economique et Sociale – CRES, Adoption et impact de l'utilisation du mobile banking sur le bien être des ménages: le cas de la banlieue de Dakar au Sénégal, précité, p. 61: Dans ses conclusions, le Rapport souligne que « l'adoption du m-banking a un impact positif et significatif sur le revenu des utilisateurs ; celui-ci représente 36 113 FCFA pour le revenu et 17 353FCFA pour la contribution aux dépenses du ménage et l'impact diminue au-delà d'un âge à 45 ans ».

Chapitre premier

Le transfert rapide d'argent

Le transfert rapide d'argent est l'opération par laquelle une somme d'argent déposée par un donneur d'ordre au guichet d'un prestataire habilité ou d'un sous-agent, est remise, dans un bref délai, à un bénéficiaire, à un autre guichet d'un prestataire habilité ou d'un sous-agent, grâce à un système informatique sécurisé fonctionnant en temps réel ou quasiment[30]. Cette opération qui ne fait intervenir ni compte bancaire, ni compte de monnaie électronique, atteste d'une certaine souplesse dans la réglementation du transfert d'argent.

Le transfert rapide d'argent met en relation un sous-agent ou mandataire avec un prestataire habilité c'est-à-dire un intermédiaire agréé ou un système financier décentralisé (SFD) ayant obtenu une autorisation à cet effet.

Section 1 : Les acteurs du transfert rapide d'argent

Le transfert rapide d'argent n'est pas une activité ouverte. En plus de limiter le périmètre des personnes autorisées à le pratiquer, pour mieux protéger les clients mais aussi, dans

---

[30] Art. 1, BCEAO, Instruction n° 013-11-2015 relative aux modalités d'exercice de l'activité de transfert rapide d'argent en qualité de sous-agent au sein de l'UMOA.

son ensemble, le système financier, un régime de sanctions est organisé pour ceux qui pratiquent sans titre l'activité.

Paragraphe 1 : Les personnes autorisées

À titre principal, le transfert rapide d'argent est l'affaire de prestataires habilités. Cependant, pour mieux favoriser son essor, d'autres acteurs peuvent être autorisés à intervenir.

A. Les prestataires habilités

Les prestataires habilités sont les personnes autorisées à fournir des services de transfert rapide d'argent conformément à la réglementation en vigueur. Au sein de l'UMOA, sont notamment des prestataires habilités, les intermédiaires agréés et les systèmes financiers décentralisés (SFD) ayant obtenu une autorisation à cet effet.

1. Les intermédiaires agréés

L'intermédiaire agréé est un établissement de crédit installé sur le territoire d'un État membre de l'UMOA et justifiant d'un agrément en qualité d'intermédiaire délivré par le Ministre chargé des Finances[31].

- Un établissement de crédit : En droit UMOA, les établissements de crédit sont organisés par la Loi n° 2008-26 du 28 juillet 2008 portant règlement bancaire[32]. Ils se subdivisent en banque et en établissement financier à caractère bancaire. Les banques peuvent effectuer toutes les opérations de banques (les opérations de banque sont : la

31 Art. 1, BCEAO, Instruction n° 013-11-2015, précitée.

32 J.O. N° 6437 du Samedi 8 novembre 2008. Elle abroge et remplace la Loi bancaire n°90-06 du 26 juin 1990.

réception de fonds du public, les opérations de crédit, ainsi que la mise à disposition de la clientèle et la gestion de moyens de paiement). Alors que les établissements financiers à caractère bancaire sont habilités à effectuer les opérations de banque pour lesquelles ils sont agréés. Aux termes de l'instruction n° 11-12/2010/RB relative au classement, aux opérations et à la forme juridique des établissements financiers à caractère bancaire, parmi les cinq catégories d'établissements financiers à caractère bancaire, il y a les établissements financiers de paiement. Ils sont spécialisés dans le service de paiement. Ces services s'entendent de toute activité exercée à titre professionnel et destinée à mettre à la disposition du public, des instruments ou offrir des prestations lui permettant notamment l'exécution, quels que soient l'infrastructure, le support ou le procédé technique utilisé, des opérations ci-après : encaissements ; versements ; retraits ; virements ; paiements ; prélèvements[33].

Les qualités de banque ou d'établissement financier à caractère bancaire résultent d'un agrément qui obéit à certaines conditions.

Les banques et établissements financiers à caractère bancaire sont des personnes morales qui doivent avoir leur siège social sur le territoire d'un des États membres de l'UMOA et les actions émises revêtir la forme nominative.

Depuis 2007, le capital social de la personne morale qui souhaite être un établissement de crédit doit être au minimum de 10 milliards pour les banques et 3 milliards pour les établissements financiers à caractère bancaire. Il doit être intégralement libéré au jour de l'agrément de l'établissement

---

33 Art. 8 de l'instruction n° 11-12/2010/RB relative au classement, aux opérations et à la forme juridique des établissements financiers à caractère bancaire.

de crédit à concurrence du montant minimal exigé dans la décision d'agrément.

La demande d'agrément est adressée au Ministre chargé des Finances et déposée auprès de la Banque Centrale qui les instruit. La Banque Centrale instruit le dossier et le transmet à la Commission Bancaire. Le Ministre chargé des Finances du pays concerné prend l'arrêté d'agrément, après avis conforme favorable de la Commission bancaire.

Afin de favoriser une plus grande intégration des marchés bancaires et financiers nationaux par la libre prestation de services sur l'ensemble du territoire de l'Union, l'agrément accordé aux établissements de crédit est un agrément unique.

Instauré depuis le 1er janvier 1999, l'agrément unique permet aux banques et établissements financiers déjà agréés et désireux de s'implanter dans un autre État membre de l'UMOA, d'être dispensés de toute autre procédure d'agrément pour exercer leur activité ou offrir en libre prestation leurs services. Tout de même l'établissement de crédit devra préalablement à l'ouverture des dites succursales et/ou filiales, notifier son intention sous forme de déclaration à la Commission Bancaire et être déposée auprès de la Banque Centrale[34].

- Un établissement de crédit agréé : outre son agrément en qualité de banque ou d'établissement financier à caractère bancaire, l'établissement de crédit qui souhaite pratiquer le transfert rapide d'argent doit solliciter un agrément en qualité d'intermédiaire délivré par le Ministre chargé des Finances.

[34] Cf. Instruction n°018-04-2011 Etablissant la liste des documents et informations constitutifs du dossier de déclaration d'intention d'installation dans le cadre de l'agreement unique.

2. Les SFD autorisés

Les SFD sont organisés par la Loi 2008-47 du 03 septembre 2008 portant réglementation des systèmes financiers décentralisés[35] et son décret d'application[36].

Sous le vocable de Systèmes financiers décentralisés (SFD), le législateur entend les institutions, structures ou organisations « dont l'objet principal est d'offrir des services financiers à des personnes qui n'ont généralement pas accès aux opérations des banques et établissements financiers tels que définis par la loi portant réglementation bancaire et habilités aux termes de la présente loi à fournir ces prestations »[37]. Encore appelés microfinance, les SFD font allusion à « un ensemble d'organisations aux formes et aux statuts divers, pratiquant des opérations de prêt et/ou de collecte d'épargne de faible montants, à une échelle décentralisée, et fondées sur la proximité »[38]. En effet, les SFD ont un champ d'action réduit comparé à celui des établissements de crédit. Les opérations des SFD consistent d'abord à la collecte de dépôts, ensuite aux opérations de prêt et, enfin, à l'engagement par signature.

Pour exercer ces activités, les SFD doivent disposer d'un agrément. Les demandes d'agrément sont adressées au Ministre de tutelle et déposées auprès de la structure ministérielle de suivi qui les instruit. Après réception du dossier complet, ladite structure ministérielle de suivi dispose d'un délai de trois (3) mois pour l'instruire et le transmettre à la Banque Centrale avec ses observations et sa

---

35 J.O. n° 6452 du 31 janvier 2009.

36 Décret n° 2008-1366 du 28 novembre 2008 portant application de la loi portant réglementation des systèmes financiers décentralisés, J.O. du 11 avril 2009.

37 Art. 1 al. 21 de la Loi n° 2008-47 précitée.

38 Jean Michel Servet, « Banquiers aux pieds nus. La microfinance » Editions Odile Jacob, 2006, p. 511.

proposition de suite à donner à la demande d'agrément. La Banque Centrale dispose d'un délai de deux (2) mois pour examiner le dossier et communiquer son avis à la structure ministérielle de suivi.

L'agrément est prononcé par arrêté du ministre après avis conforme de la Banque Centrale. L'agrément est réputé avoir été refusé s'il n'est pas prononcé dans un délai de six (6) mois à compter de la réception de la demande par la structure ministérielle de suivi, sauf avis contraire donné au demandeur.

Comme pour les établissements de crédit, les SFD se constituent en personne morale pour solliciter l'agrément. Les systèmes financiers décentralisés doivent être constitués sous forme de sociétés anonymes, de sociétés à responsabilité limitée, de sociétés coopératives ou mutualistes ou d'associations. Ils peuvent exceptionnellement revêtir la forme d'autres personnes morales[39]. Le capital social des systèmes financiers décentralisés constitués sous forme de sociétés doit être intégralement libéré lors de la délivrance de l'agrément.

Selon la nature des opérations qu'ils sont autorisés à effectuer, les SFD sont classés en deux catégories :

- les institutions qui collectent des dépôts et accordent des prêts à leurs membres ou aux tiers ;
- les institutions qui accordent des prêts, sans exercer l'activité de collecte des dépôts.

Les SFD d'une catégorie ne peuvent exercer les activités d'une autre catégorie sans l'autorisation préalable du ministre de tutelle, accordée comme en matière d'agrément.

Compte tenu de la limitation des opérations autorisées aux SFD, ils ne peuvent faire du transfert rapide d'argent

---

[39] Une instruction de la Banque Centrale détermine, en cas de besoin, les formes juridiques qui sont concernées par cette dérogation.

qu'après autorisation. Contrairement aux banques et aux établissements financiers, les services financiers offerts sont limités à la collecte de dépôt, à l'octroi de prêt et aux engagements par signature. Il en résulte que des autorisations particulières sont requises lorsque les SFD envisagent d'exercer les activités ou professions soumises à des réglementations spécifiques.

B. Les autres acteurs : les sous-agents

Le sous-agent est la personne physique ou morale qui exerce l'activité de transfert rapide d'argent sous la responsabilité d'un intermédiaire agréé ou d'un système financier décentralisé. Il est aussi appelé mandataire. En effet, le fondement de sa relation avec le prestataire habilité est un contrat de mandat[40].

Paragraphe 2 : Les sanctions

Les personnes physiques ou morales exerçant l'activité de transfert rapide d'argent sans pouvoir justifier de la qualité de prestataire habilité ou de sous-agent encourent des sanctions pénales[41].

Aux termes des dispositions de l'article 13 de la loi de 2008 portant règlement bancaire, nul ne peut, sans avoir été préalablement agréé et inscrit sur la liste des banques ou sur celle des établissements financiers à caractère bancaire, effectuer des opérations de banque. Sera puni d'un emprisonnement d'1 mois à 2 ans et d'une amende de 10.000.000 à 100.000.000 FCFA, ou de l'une de ces deux

---

40 v. pour les développements, Section 2 : La relation prestataire habilité et sous-agent.

41 Art. 11, BCEAO, Instruction n° 013-11-2015, précitée.

peines seulement, quiconque, agissant pour son compte ou celui d'un tiers, aura contrevenu à une telle disposition. En cas de récidive, le maximum de la peine sera porté à 5 ans d'emprisonnement et à 300.000.000 FCFA d'amende[42].

SECTION 2 : LA RELATION PRESTATAIRE HABILITÉ ET SOUS-AGENT

Pour l'exercice de l'activité de transfert rapide d'argent, le prestataire habilité peut entrer en relation avec un sous-agent. Cette relation dont le fondement mérite une analyse, fait supporter certaines obligations au sous-agent.

Paragraphe 1 : Le fondement de la relation

La relation entre le sous-agent et le prestataire habilité a pour support un contrat de mandat. Ce contrat permet au sous-agent d'exercer l'activité de transfert rapide d'argent pour le compte du prestataire et sous l'entière responsabilité de ce dernier. Le prestataire habilité signe un contrat avec chaque personne physique ou morale à qui il donne mandat pour exercer, pour son compte et sous son entière responsabilité, l'activité de transfert rapide d'argent[43].

Au plus tard trente (30) jours à compter de la fin de chaque année civile, les intermédiaires agréés et les SFD notifient au Ministère chargé des Finances, à la Commission Bancaire de l'UMOA et à la BCEAO, la liste des personnes physiques et morales mandatées pour exercer en qualité de sous-agent.

Les intermédiaires agréés et les SFD communiquent au Ministère chargé des Finances, à la Commission Bancaire de l'UMOA et à la BCEAO, le modèle-type de contrat à signer

---

[42] Art. 67 de la loi de 2008 portant règlement bancaire.

[43] Art. 3, BCEAO, Instruction n° 013-11-2015, précitée.

avec leurs mandataires. Toute modification de ce modèle doit également être notifiée.

Outre le modèle-type, les prestataires habilités sont tenus, à toute demande du Ministère chargé des Finances, de la Commission Bancaire de l'UMOA et de la BCEAO, de leur fournir une copie des contrats signés avec les mandataires.

Le contrat de mandat précise les opérations que le sous-agent est habilité à réaliser pour le compte du prestataire mandant ainsi que les responsabilités des parties concernées dans le cadre de l'exécution de ces opérations. Concernant les opérations envisageables, c'est seulement :

- l'envoi des fonds reçus des clients ;
- la réception de fonds et leur remise aux bénéficiaires.

Les sous-agents n'ont pas la possibilité de collecter des fonds du public sous forme de dépôt[44] ou d'effectuer toute autre opération de banque[45]. Cette interdiction est cependant à écarter si le sous-agent est un SFD.

Les opérations que peuvent réaliser les sous-agents mandatés par les SFD sont limitées aux territoires des États membres de l'UMOA[46]. Quid des sous-agents mandatés par les intermédiaires agréés ? Une lecture *a contrario* de l'article 4 *in fine* de l'instruction n° 013-11-2015 permet de conclure que la limitation géographique ne concerne pas ces derniers. En d'autres termes, ils sont autorisés à effectuer des opérations en dehors de la zone UMOA.

---

44 Les fonds reçus du public sont les fonds que l'établissement recueille d'un tiers, notamment sous forme dépôt. L'établissement de crédit qui reçoit des fonds d'une personne autre que lui-même, reçoit des fonds du public.

45 La loi portant règlement bancaire considère comme opérations de banque : la réception de fonds du public, les opérations de crédit, ainsi que la mise à disposition de la clientèle et la gestion de moyens de paiement.

46 Art. 4, BCEAO, Instruction n° 013-11-2015, précitée.

Le prestataire habilité communique chaque mois à la BCEAO les informations relatives aux opérations de transfert rapide d'argent effectuées par ses sous-agents. Ces informations doivent porter notamment sur :

- Les montants, destinations et motifs des transferts émis ;
- Les montants, origines et motifs des transferts reçus ;
- Les frais et commissions prélevés.

Cesdites informations sont transmises à la BCEAO au plus tard vingt (20) jours calendaires après la fin du mois considéré, suivant un canevas communiqué par la Banque Centrale.

Le mandant doit veiller au strict respect, par chaque sous-agent qu'il a mandaté, des dispositions de l'instruction n° 013-11-2015[47]. Il assure que les opérations effectuées par le sous-agent sont exécutées conformément aux prescriptions réglementaires régissant l'activité de transfert rapide d'argent dans l'UMOA.

La Commission Bancaire de l'UMOA, la BCEAO et le Ministère chargé des Finances, dans le cadre de leurs attributions respectives en matière de supervision des intermédiaires agréés et des SFD, peuvent contrôler les sous-agents concernés, pour s'assurer du respect des dispositions régissant l'exercice de l'activité de transfert rapide d'argent[48]. Les personnes physiques ou morales exerçant en qualité de sous-agent sont tenues de se soumettre à ces contrôles et fournir, le cas échéant, tout renseignement nécessaire à leur bon déroulement.

---

[47] Art. 9 al. 1, BCEAO, Instruction n° 013-11-2015, précitée.

[48] Art. 10, BCEAO, Instruction n° 013-11-2015, précitée.

A. Le sous-agent, un mandataire

Le mandat est un contrat par lequel le mandant donne au mandataire le pouvoir de faire, en ses lieu et place, un ou plusieurs actes juridiques[49]. C'est donc un contrat basé sur la confiance. De ce fait, le mandant peut, en tout temps, et quand bon lui semble, révoquer le mandataire. Celui-ci doit, sans délai, rendre sa procuration sur simple notification de la révocation, sous quelque forme que ce soit[50]. La stipulation d'une durée ne saurait faire obstacle à une telle règle. Cependant, tant qu'il n'est pas arrivé à terme ou révoqué *ad nutum*, le mandat donne pouvoir de faire les actes nécessaires à son exécution[51]. Le mandataire est tenu d'exécuter fidèlement et complètement la mission qu'il a assumée. Dans l'hypothèse où il a reçu des instructions précises, il ne peut s'en écarter, sauf à établir que les circonstances ne lui ont pas permis de rechercher l'autorisation du représenté, lorsqu'il y a lieu d'admettre que celui-ci l'aurait autorisé s'il avait été informé de la situation[52]. Il doit, sur la demande du mandant, le tenir régulièrement au courant des opérations faites pour lui. Il est redevable des intérêts produits par les sommes pour le versement desquelles il est en retard et de l'indemnisation du dommage causé par l'inexécution ou la mauvaise exécution du mandat, sauf s'il prouve que ce dommage est survenu sans sa faute[53].

Dans la limite de sa mission, le sous-agent mandataire engage la responsabilité du prestataire mandant. En effet, il exerce, pour le compte de ce dernier, et sous son entière responsabilité, l'activité de transfert d'argent[54].

---

[49] Art. 457 COCC.
[50] Art. 470 COCC.
[51] Art. 460 COCC.
[52] Art. 179 AUDCG.
[53] Art. 187 AUDCG.
[54] Art. 3, BCEAO, Instruction n° 013-11-2015, précitée.

Les engagements souscrits par un mandataire dont les pouvoirs sont expirés sont opposables au mandant, lorsque les tiers ont contracté sur la foi de l'apparence. Ceux-ci peuvent mettre en cause, s'il y a lieu, la responsabilité solidaire du mandataire et du mandant[55].

La responsabilité du sous-agent mandataire n'est cependant pas totalement exclue. Dans ses rapports avec le mandant, le mandataire répond de l'inexécution totale ou partielle de l'exécution défectueuse ou tardive du mandat. En somme, il répond de la mauvaise exécution du mandat. Mais à l'égard de qui ? Devant les tiers, c'est le mandant qui est responsable. Il dispose cependant d'une action récursoire contre le mandataire lorsque ce dernier exécute mal le contrat.

Par ailleurs, les sous-agents doivent :

- respecter les prescriptions afférentes aux limitations des montants et aux justifications des transferts en matière de blanchiment de capitaux et de lutte contre le terrorisme (cf. développements sur le blanchiment de capitaux).

- Ils doivent s'assurer de l'identité des donneurs d'ordre ainsi que de celle des bénéficiaires des transferts rapides d'argent.

- Ils doivent assurer une obligation d'information de leur clientèle par l'affichage, de manière visible et lisible dans leur enseigne, du logo de leurs mandants. En outre, dans les mêmes conditions, ils les informent des conditions tarifaires appliquées.

Le contrat qui lie le sous-agent et un prestataire ne saurait comporter une clause d'exclusivité[56]. La liberté contractuelle se trouve ainsi atténuée par l'ordre public. Le sous-agent peut donc travailler avec plusieurs prestataires.

---

[55] Art. 472 COCC.

[56] Art. 3 *in fine*, BCEAO, Instruction n° 013-11-2015, précitée.

Par ailleurs, le mandant doit rembourser, en principal et intérêt, les frais et avances faits par le mandataire pour l'exécution du mandat. Ce remboursement est intégral, sauf faute du mandataire. Le mandant doit, dans les mêmes conditions, indemniser le mandataire des dommages subis à l'occasion de sa gestion.

Le mandat est gratuit ou salarié. Dans le cadre des relations entre le prestataire et le sous-agent, le silence du législateur suggère que la détermination du montant de la rémunération relèvera d'une expression de la liberté contractuelle.

Des conséquences sont à tirer de la nature de l'opération effectuée mais aussi du contrat liant le prestataire habilité et le sous-agent.

Le sous-agent, un intermédiaire en opérations de banque ? Aux termes des dispositions de l'article 105 de la loi de 2008 portant règlement bancaire, est considérée comme intermédiaire toute personne physique ou morale autre qu'un établissement de crédit, qui fait profession habituelle de servir d'intermédiaire en tant que courtier ou autrement, en apportant des affaires aux établissements de crédit exerçant leur activité dans l'UMOA ou à l'étranger. Comme activité principale ou accessoire, l'intermédiaire a pour mission de mettre en rapport des parties en vue de la conclusion d'une opération de banque, sans se porter ducroire[57].

L'activité d'intermédiaire en opérations de banque ne peut s'exercer qu'entre deux personnes dont l'une au moins est un établissement de crédit. L'intermédiaire agit en vertu d'un mandat délivré par cet établissement. Ce mandat mentionne la nature et les conditions des opérations qu'il est habilité à accomplir. Cependant, il devra, au préalable,

---

[57] Art. 2 de l'instruction n° 15-12/2010/RB fixant les conditions d'exercice des activités d'intermédiaires en opérations de banque.

solliciter une autorisation. Toute personne sollicitant l'habilitation en qualité d'intermédiaire en opérations de banque au sein de l'UMOA, doit adresser au Ministre chargé des Finances de l'État membre, une demande d'autorisation[58]. L'intermédiaire en opération de banque agit en vertu de cette autorisation. Cette dernière se limite au rapprochement des établissements de crédit avec la clientèle dans le cadre des opérations de banque[59]. De ces considérations, l'intermédiaire en opérations de banque est beaucoup plus un courtier. Il ne saurait alors être un sous-agent. Ce dernier a reçu mandat pour exercer, pour le compte et sous l'entière responsabilité du prestataire habilité, l'activité de transfert rapide d'argent.

B. Le sous-agent, un commerçant

Les moyens de paiement sont tous les instruments qui, quel que soit le support ou le procédé technique utilisé, permettent à toute personne de transférer des fonds. Ce sont des « techniques juridiques destinées à permettre le paiement du créancier et plus généralement le transfert de fonds, sans manipulation de monnaie (billet et pièces) ». Il s'agit notamment, selon l'article 7 de la loi bancaire, des chèques bancaires, chèques de voyage, cartes de paiement et de retrait, virements[60] ou avis de prélèvement, cartes de crédit et transferts électroniques de fonds.

Le sous-agent qui effectue des opérations de transfert électronique fait une opération de banque, un service, et, par

---

[58] Art. 3 de l'instruction n° 15-12/2010/RB fixant les conditions d'exercice des activités d'intermédiaires en opérations de banque.

[59] Art. 4 de l'instruction n° 15-12/2010/RB fixant les conditions d'exercice des activités d'intermédiaires en opérations de banque.

[60] C'est l'opération qui consiste à débiter un compte pour en créditer un autre.

la présence du contrat de mandat le liant au prestataire, devient un agent commercial.

L'agent commercial est un intermédiaire de commerce[61] qui a pour profession habituelle de gérer les affaires d'autrui, litigieuses ou non, de conseiller et de renseigner le public ou d'intervenir en son nom, le tout moyennant rémunération. C'est un mandataire professionnel chargé, de façon permanente, de négocier et, éventuellement, de conclure des contrats de vente, d'achat, de location ou de prestation de services, au nom et pour le compte de producteurs, d'industriels, de commerçants, ou d'autres agents commerciaux, sans être lié envers eux par un contrat de travail[62]. Son activité peut consister à se charger de mandats pour recouvrer des créances, gérer des immeubles, exploiter une agence de voyage, une agence de publicité, etc.

De par sa qualité d'intermédiaire de commerce, le sous-agent est un commerçant et est soumis aux conditions prévues par les articles 6 à 12 de l'AUDCG liées à la capacité d'exercer le commerce. Il supporte aussi les obligations à la charge des commerçants[63].

Le contrat d'agence. Comme tout intermédiaire de commerce, l'agent commercial est lié par un contrat de mandat. Mais le contrat entre l'agent commercial et son mandant est conclu dans l'intérêt commun des parties[64]. Le mandat d'intérêt commun se caractérise par le pouvoir accordé au mandataire d'agir à la fois dans l'intérêt du

---

61 L'intermédiaire de commerce est une personne physique ou morale qui a le pouvoir d'agir, ou entend agir, habituellement et professionnellement pour le compte d'une autre personne, commerçante ou non, afin de conclure avec un tiers un acte juridique à caractère commercial. (cf. art. 169 AUDCG).

62 Art. 216 AUDCG.

63 Le commerçant a principalement trois obligations : s'immatriculer au RCCM, tenir une comptabilité et informer les clients.

64 Art. 217 AUDCG.

mandant et dans son propre intérêt[65]. « L'intérêt commun doit être regardé aujourd'hui comme étant une convergence d'intérêts particuliers marqués, d'une part, par l'adhésion du mandant et du mandataire à une cause commune : la conquête ou la fidélisation d'une clientèle et, d'autre part, par la participation des deux parties aux profits et aux risques »[66]. Le contrat pour lequel mandat est reçu doit alors présenter des intérêts pour le mandant et pour le mandataire.

Par rapport à la forme, l'écrit n'est pas obligatoire[67]. Le contrat peut se prouver par tout moyen et se déduire notamment d'une pratique continue des parties.

Le contrat d'agence conclu pour une durée déterminée prend fin à l'expiration du terme prévu, sans qu'il soit nécessaire d'y mettre un terme par une quelconque formalité. S'il continue à être exécuté par les deux parties après son terme, il sera réputé transformé en contrat à durée indéterminée[68].

Lorsque le contrat est à durée indéterminée, chacune des parties peut y mettre fin moyennant un préavis. La durée du préavis est d'un mois pour la première année du contrat, de deux mois pour la deuxième année commencée, de trois mois pour la troisième année commencée et les années suivantes.

En l'absence de convention contraire, la fin du délai de préavis coïncide avec la fin d'un mois civil.

Dans le cas d'un contrat à durée déterminée, transformé en contrat à durée indéterminée, la durée du préavis se calcule à compter du début des relations contractuelles entre les parties. Les parties ne peuvent convenir de délais de

---

65 Lexique des termes juridiques, Dalloz, 2013, p. 575.

66 P.-G. POUGOUE et autres, Intermédiaires de commerce, in Encyclopédie du droit Ohada (sous la dir. P.-G. POUGOUE), précité, p. 1093.

67 Droit français. CA Versailles, 1er avril 2010, n° 09/00490, Rev. Lamy dr. aff. 9/2010, p. 130, obs. Grignon.

68 Art. 228 AUDCG.

préavis plus courts. Si elles conviennent de délais plus longs, les délais de préavis doivent être identiques pour le mandant et pour l'agent.

Ces règles de rupture ne s'appliquent pas lorsque le contrat prend fin en raison d'une faute grave de l'une des parties, ou de la survenance d'un cas de force majeure.

Les obligations de l'agent commercial. Dans l'exécution du contrat de mandat, l'agent commercial et son mandant sont tenus, l'un envers l'autre, d'une obligation de loyauté et d'un devoir d'information[69].

L'agent commercial doit exécuter son mandat en bon professionnel. La diligence est donc requise de sa part même si le mandant est tenu de le mettre dans les dispositions pour exécuter son mandat.

L'agent commercial peut accepter sans autorisation, et sauf stipulation contraire, de représenter d'autres mandants. Mais il ne peut accepter la représentation d'une entreprise concurrente de celle de l'un de ses mandants sans l'accord écrit de ce dernier. Cette règle qui résulte du droit OHADA sera cependant neutralisée dans le cadre du droit du transfert électronique de fonds. L'article 3 de l'Instruction n° 013-11-2015 interdit toute présence de clause d'exclusivité. Le sous-agent pourra travailler pour plusieurs prestataires concurrents.

L'agent commercial ne peut, même après la fin du contrat, utiliser ou révéler les informations qui lui ont été communiquées par le mandant à titre confidentiel, ou dont il a eu connaissance à ce titre en raison du contrat. Il est ainsi tenu au secret.

Les droits pécuniaires de l'agent commercial. L'agent a droit à une commission. La commission est acquise dès que le mandataire a exécuté l'opération, ou devrait l'avoir

---

[69] Art. 217 al. 2 AUDCG.

exécutée en vertu de l'accord conclu avec le tiers, ou bien encore dès que ledit tiers a exécuté l'opération. L'avantage pour le mandant est donc indéniable. En effet, l'agent commercial est rémunéré en fonction du chiffre d'affaires qu'il va permettre de réaliser[70].

Tout élément de la rémunération variant avec le nombre ou la valeur des affaires constitue une commission. Dans le silence du contrat, l'agent commercial a droit à une commission conforme aux usages pratiqués dans le secteur d'activités couvert par son mandat. En l'absence d'usage, il a droit à une rémunération qui tient compte de tous les éléments qui ont trait à l'opération.

L'agent à qui a été attribuée l'exclusivité dans un secteur géographique, ou sur un groupe de clients déterminés, a droit à une commission pour toute opération conclue pendant la durée du contrat d'agence.

Pour toute opération commerciale conclue après la cessation du contrat d'agence, l'agent commercial a droit à une commission lorsque l'opération est principalement due à son activité au cours du contrat d'agence, et a été conclue dans un délai raisonnable à compter de la cessation du contrat.

A moins que les circonstances ne rendent équitable le partage de la commission entre deux ou plusieurs agents commerciaux, l'agent commercial n'a pas droit à une commission si celle-ci est déjà due :

✓ à l'agent qui l'a précédé pour une opération commerciale conclue avant le début d'application de son contrat d'agence ;

---

[70] P.-G. POUGOUE et autres, Intermédiaires de commerce, in Encyclopédie du droit Ohada (sous la dir. P.-G. POUGOUE), précité, p. 1092.

✓ à l'agent qui lui succède pour une opération commerciale conclue après la cessation de son contrat d'agence.

Cette commission lui reste due pour toute opération commerciale conclue après la cessation du contrat d'agence, lorsque l'opération résulte principalement de son activité au cours du contrat d'agence, et a été conclue dans un délai raisonnable à compter de la cessation du contrat.

La commission est payée au plus tard le dernier jour du mois qui suit le trimestre au cours duquel elle a été acquise, sauf convention contraire des parties.

Le droit à la commission ne peut s'éteindre que s'il est établi que le contrat entre le tiers et le mandant n'est pas exécuté en raison de circonstances imputables à l'agent commercial ou en raison de circonstances indépendantes du comportement du mandant.

Sauf convention ou usage contraire, l'agent commercial n'a pas droit au remboursement des frais et débours résultant de l'exercice normal de son activité, mais seulement de ceux qu'il a assumés en vertu d'instructions spéciales du mandant. Le remboursement des frais et débours est dû dans ce cas, même si l'opération n'a pas été conclue.

En cas de cessation de ses relations avec le mandant, l'agent commercial a droit à une indemnité compensatrice, sans préjudice d'éventuels dommages-intérêts.

Droit français. L'indemnité due à l'agent commercial a pour objet de réparer le préjudice subi qui comprend la perte de toutes les rémunérations acquises lors de l'activité développée dans l'intérêt commun des parties, sans qu'il soit besoin de distinguer selon leur nature (Cass. com., 5 avril 2005, D. 2005, p. 1150, obs. Chevrier).

La cessation du contrat, même à durée déterminée, donne droit à réparation du préjudice résultant de la perte pour l'avenir des revenus tirés de l'exploitation de la clientèle commune, tandis que le caractère abusif de cette cessation donne droit à réparation du préjudice résultant de la perte de commissions jusqu'à la date conventionnellement prévue (Cass. com., 23 avril 2003, CDE 2003/5, chron. 9, p. 47, obs. Grignon).

L'agent commercial perd le droit à réparation s'il n'a pas signifié par acte d'huissier au mandant ou notifié à ce dernier par tout moyen permettant d'établir la réception effective par le mandant, dans un délai d'un an à compter de la cessation du contrat, qu'il entend faire valoir ses droits.

Droit français. L'agent commercial n'est pas tenu, dans ce cas, de faire connaître le motif de sa décision (Cass. com., 8 février 2011, Bull. civ. IV, n° 16).

Les ayants droit de l'agent commercial bénéficient également du droit à l'indemnité compensatrice lorsque la cessation du contrat est due au décès de l'agent.

Droit français. L'indemnité est due même en cas de suicide, la loi ne distinguant pas suivant la cause du décès (Cass. com., 23 novembre 2010, Bull. civ. IV, n° 182).

L'indemnité compensatrice n'est pas due :

✓ en cas de cessation du contrat provoquée par la faute grave de l'agent commercial[71] ;

---

[71] Droit français. La faute grave est celle qui porte atteinte à la finalité commune du mandat d'intérêt commun et rend impossible le maintien du lien contractuel ; Cass. com., 15 octobre 2002, Contrats, conc. consom. 2003, n° 19, obs. Leveneur. Les parties ne peuvent pas décider que tel comportement constituera une faute grave ; le juge a le monopole de la qualification ; Cass. com., 28 mai 2002, Bull. civ. IV, n° 91. Des manquements peuvent, par leur caractère répétitif et leur accumulation, caractériser une faute grave ; Cass. com., 15 septembre 2009, n° 08-15.613, RJDA 1/2010, n° 1072. Cependant la tolérance du mandant peut faire perdre à la faute sa gravité ; Cass. com., 10 mai 2011, n° 10-17.952, Rev. Lamy dr. aff. 1/2012, p. 69, obs. Grignon. Le manquement d'un agent au devoir de loyauté

✓ en cas de cessation du contrat résultant de l'initiative de l'agent, à moins que cette cessation ne soit justifiée par des circonstances imputables au mandant ou ne soit due à l'âge, l'infirmité ou la maladie de l'agent commercial, et plus généralement, par toutes circonstances indépendantes de la volonté de l'agent par suite desquelles la poursuite de son activité ne peut plus être raisonnablement exigée ;

✓ lorsqu'en accord avec le mandant, l'agent commercial cède à un tiers les droits et obligations qu'il détient en vertu du contrat d'agence.

L'indemnité compensatrice est égale au minimum à :

✓ un mois de commission à compter de la première année entièrement exécutée du contrat ;

✓ deux mois de commission à compter de la deuxième année entièrement exécutée du contrat ;

✓ trois mois de commission à compter de la troisième année entièrement exécutée du contrat.

L'indemnité compensatrice est librement fixée entre l'agent commercial et son mandant au-delà de la troisième année entièrement exécutée du contrat. À défaut d'accord, elle ne peut être inférieure à trois mois de commission. La mensualité à prendre en compte pour le calcul de l'indemnité est celle de la moyenne des douze derniers mois d'exécution du mandat.

Le droit à l'indemnité ne peut être écarté par les parties. Toute clause ou convention dérogeant, au détriment de l'agent commercial, à la réglementation de l'indemnité compensatrice est réputée non écrite.

Chaque partie est tenue de restituer à la fin du contrat tout ce qui lui a été remis pour la durée de ce contrat, soit par l'autre partie, soit par des tiers pour le compte de l'autre

---

constitue une faute grave même en l'absence de relation d'exclusivité ; Cass. com., 16 octobre 2001, RJDA 2/2002, n° 149.

partie, et ce, sans préjudice pour l'une ou l'autre des parties de son droit de rétention.

Paragraphe 2 : Les obligations des sous-agents

Les sous-agents sont assujettis aux dispositions des réglementations relatives aux relations financières extérieures des États membres de l'UEMOA et à la lutte contre le blanchiment de capitaux et le financement du terrorisme[72]. Par ailleurs, ils supportent des obligations dans l'optique de protéger le client c'est-à-dire le donneur d'ordre ou le bénéficiaire d'une opération de transfert d'argent[73].

A. Les obligations concernées

Outre les obligations découlant du contrat de mandat, le sous-agent supporte principalement deux obligations à l'égard du client. En effet, en plus de devoir s'assurer de l'identité des donneurs d'ordres ainsi que de celle des bénéficiaires des transferts, il a l'obligation d'informer le client et de lui délivrer un reçu.

1. L'obligation d'informer la clientèle

Les sous-agents affichent, de manière visible et lisible dans leur enseigne, le logo de leurs mandants. Ils affichent,

---

[72] Art. 5 Art. 1, BCEAO, Instruction n° 013-11-2015, précitée. Pour l'étude des règles concernant la lutte contre le blanchiment de capitaux et le financement du terrorisme, cf. chapitre 2, section 4 : Soumission des institutions financières à la loi sur le blanchiment de capitaux et le financement du terrorisme.

[73] Art. 1, BCEAO, Instruction n° 013-11-2015, précitée.

également et dans les mêmes modalités, à leurs guichets, les conditions tarifaires appliquées à la clientèle.

2. L'obligation de délivrer un reçu

Le sous-agent délivre à chaque client un bordereau d'opération devant comporter notamment :

- ✓ L'identité du bénéficiaire ;
- ✓ L'identité du donneur d'ordre ;
- ✓ La date de l'opération ;
- ✓ Le montant du transfert ;
- ✓ Le taux de change appliqué, le cas échéant ;
- ✓ Le nom du mandant du sous-agent.

B. Le contrôle des obligations du sous-agent

Le mandant doit veiller au strict respect, par chaque sous-agent qu'il a mandaté, des dispositions de l'instruction n° 013-11-2015 sur le transfert rapide d'argent[74]. Il s'assure que les opérations effectuées par le sous-agent sont exécutées conformément aux prescriptions réglementaires régissant le transfert rapide d'argent dans l'UMOA.

La Commission Bancaire de l'UMOA, la BCEAO et le Ministère chargé des Finances, dans le cadre de leurs attributions respectives en matière de supervision des intermédiaires agréés et des SFD, peuvent contrôler les sous-agents concernés, pour s'assurer du respect des dispositions régissant l'exercice de l'activité de transfert. Les personnes physiques ou morales exerçant en qualité de sous-agent sont tenues de se soumettre à un tel contrôle et de fournir, le cas

---

[74] Art. 9, BCEAO, Instruction n° 013-11-2015, précitée.

échéant, tout renseignement nécessaire à son bon déroulement.

Les infractions constatées sont sanctionnées conformément à la loi portant réglementation bancaire, la loi portant réglementation des SFD, la loi sur le contentieux des infractions à la réglementation des relations financières extérieures des États membres de l'UEMOA ainsi qu'à la loi relative à la lutte contre le blanchiment de capitaux et le financement du terrorisme, sans préjudice de toute autre disposition législative et réglementaire en vigueur dans l'État membre d'implantation.

SECTION 3 : LA SURVENANCE D'INCIDENTS DANS L'EXERCICE DU TRANSFERT

Il peut arriver, après le dépôt de la somme par le donneur d'ordre, que l'argent n'arrive pas chez le bénéficiaire. L'argent déposé n'a pas été envoyé ou a été envoyé la mauvaise personne.

Paragraphe 1 : L'argent déposé mais non envoyé

La personne qui reçoit l'argent du donneur d'ordre a pour obligation de la transférer. Dans l'hypothèse où il n'y procède pas, sa responsabilité pourra être recherchée.

A. L'argent déposé, mais gardé par le guichetier

Lorsque le guichetier, dépositaire, garde l'argent déposé à son niveau et ne le transfère pas, sa responsabilité pénale devrait pouvoir être recherchée pour abus de confiance.

Aux termes des dispositions de l'article 383 du Code pénal, « quiconque ayant reçu des propriétaires, possesseurs, ou détenteurs, des effets, deniers, marchandises, billets, quittances ou écrits contenant ou opérant obligation ou décharge à titre de louage, de dépôt, de mandat, de nantissement, de prêt à usage ou pour un travail salarié ou non salarié, n'aura pas, après simple mise en demeure, exécuté son engagement de les rendre ou représenter ou d'en faire un usage ou un emploi déterminé, sera puni d'un emprisonnement de six mois au moins et quatre ans au plus et d'une amende de 20 000 francs au moins et de 3 000 000 de francs au plus ». Est donc constitutif d'abus de confiance, le fait pour une personne de détourner au préjudice d'autrui des fonds, des valeurs ou un bien quelconque qui lui ont été remis et qu'elle a accepté, à charge de les rendre, de les représenter ou d'en faire un usage déterminé. Dans le cas du transfert rapide d'argent, la personne s'était engagée à envoyer la somme reçue. En cela qu'elle veut se comporter comme le véritable propriétaire alors qu'elle ne dispose que d'un titre temporaire et précaire, sa responsabilité pénale devra pouvoir être engagée.

Il n'y a pas de délit d'abus de confiance lorsque l'inexécution de l'engagement a pour cause la force majeure, le fait du remettant ou d'un tiers ou la faute involontaire de l'auteur. Celui-ci peut établir le fait justificatif par tous moyens[75].

B. L'argent déposé, mais « confisqué »

Prétextant d'une dette à son égard, le dépositaire peut-il confisquer l'argent déposé ? Devant une telle situation, il serait mieux de s'interroger sur la qualité du dépositaire par rapport à la créance. Le donneur d'ordre lui doit de l'argent

---

[75] Art. 383 al. 2 Code pénal.

en sa qualité de dépositaire ou dans un autre cadre ? Si la dette est née d'une relation extérieure à l'activité de transfert, la justice privée pratiquée devra être sanctionnée. La règle de la compensation joue lorsque deux personnes se trouvent débitrices l'une envers l'autre[76]. Cependant, le sous-agent dépositaire n'agit pas pour son compte. Il intervient en qualité de mandataire. En conséquence, s'il est physiquement présent, juridiquement il n'est pas là, c'est le représenté qui est là. Ce n'est donc pas lui qui s'engage dans la relation avec le donneur d'ordre mais le prestataire habilité. Doit-on alors lui permettre de profiter de sa qualité, violer son obligation de loyauté en l'égard de son mandant, et se faire payer une somme dont il a eu accès seulement parce que mandataire ?

Paragraphe 2 : L'argent déposé mais envoyé à la mauvaise personne

Au moment du transfert, il peut arriver une erreur par rapport au destinataire des fonds. En lieu et place de la personne normalement bénéficiaire, une autre reçoit l'argent envoyé parce que, par exemple, le numéro de téléphone a mal été enregistré. Une telle situation nous installe dans le domaine de l'enrichissement sans cause.

Aux termes des dispositions de l'article 160 COCC, celui qui, en l'absence d'un acte juridique valable, s'est enrichi aux dépens d'autrui, est tenu de l'indemniser dans la mesure de son propre enrichissement jusqu'à concurrence de l'appauvrissement.

Dérivant du principe d'équité qui défend de s'enrichir au détriment d'autrui, l'enrichissement sans cause résulte d'un déséquilibre objectif que ne justifie ni un droit de l'enrichi ni

---

[76] Art. 215 COCC.

une libéralité de l'appauvri. Un enrichissement doit être causé. Il s'agit ici de la cause de l'obligation, la contrepartie attendue (*animus donandi* ou prestation…).

La cause qui doit exister dans le contrat est la cause de l'obligation. C'est ce pourquoi une partie a contracté. C'est la raison immédiate de son engagement c'est-à-dire l'intérêt qu'il tire du contrat. La définition de la cause est alors objective car toute personne, dans la même situation, s'attend au même résultat. La cause est la même pour tout contractant dans le même type de contrat. La cause de l'obligation ou l'intérêt retiré du contrat doit alors être analysé selon que le contrat est à titre onéreux ou à titre gratuit.

La cause de l'obligation dans les contrats à titre onéreux : elle y reflète l'intérêt matériel, la contrepartie reçue. Ainsi, lorsque le contrat est synallagmatique, les obligations se servent mutuellement de cause. La cause de l'obligation de l'un est l'objet de l'obligation de l'autre. Par exemple, dans un contrat de vente, l'objet de l'obligation du vendeur (livrer la chose) est la cause de l'obligation de l'acheteur (payer le prix) et inversement.

La cause de l'obligation dans les contrats à titre gratuit : la cause ici c'est l'intention libérale. La volonté d'avantager une personne sans contrepartie.

L'enrichissement peut être causé par une disposition légale, une décision judiciaire, un contrat. C'est à l'appauvri de démontrer l'absence de cause[77] et notamment d'établir qu'il n'avait pas agi dans une intention libérale[78].

Quasi-contrat, l'enrichissement sans cause permet à la personne qui s'est appauvrie à l'avantage d'une autre sans raison d'être remboursée. L'action de *in rem verso* ne doit être admise que dans les cas où, le patrimoine d'une personne

---

[77] Droit français ; Cass. 1re civ., 18 juin 1980, Bull. civ. I, n° 191, p. 155

[78] Droit français ; Cass. 1re civ., 24 octobre 2006, n° 05-18.023, Bull. civ. I, n° 439, p. 376.

se trouvant sans cause légitime enrichi au détriment de celui d'une autre personne, celle-ci ne jouirait, pour obtenir ce qui lui est dû, d'aucune action naissant d'un contrat, d'un quasi-contrat, d'un délit ou d'un quasi-délit[79].

L'établissement de l'enrichissement sans cause génère une obligation de restitution à la charge de celui qui a été injustement avantagé. La personne qui a reçu l'argent par erreur devra alors rembourser. Mais encore faudrait-il que la faute ne soit pas imputable au déposant. En effet, l'action en répétition de l'indu n'est pas recevable si l'appauvrissement est dû à une faute de l'appauvri[80], même si la faute qui est à l'origine de l'appauvrissement n'a pas eu un retentissement direct sur l'enrichissement du défendeur[81]. Il a cependant été jugé que la seule imprudence ou négligence de celui qui a enrichi autrui en s'appauvrissant ne le prive pas de son droit d'invoquer l'enrichissement sans cause[82].

Par ailleurs, l'action ne peut être intentée qu'à défaut de tout autre moyen de droit[83]. Le législateur en fait une action subsidiaire. Elle ne peut être engagée que s'il n'y a aucune autre solution pour récupérer la somme d'argent ou alors toutes les autres solutions ont échoué. L'appauvri ne peut pas agir sur le fondement de l'enrichissement sans cause si une autre action lui est ouverte, comme une action en responsabilité civile ou une action en répétition de l'indu. En effet, des différences sont à noter entre l'enrichissement sans

---

79 Droit français ; Cass. civ., 2 mars 1915, DP 1920, 1, 102.

80 Art. 161 al. 1 COCC. Droit français ; Cass. com., 8 juin 1968, JCP 69, II, 18331, note Thuillier.

81 Droit français ; Cass. 1re civ., 3 avril 1979, Bull. civ. I, n° 110, p. 89.

82 Droit français ; Cass. 1re civ. 13 juillet 2004, JCP 2004, IV, 2957.

83 Art 161 al 2 COCC.

cause et la répétition de l'indu même si cette dernière est considérée comme une variante de la première citée[84].

Aux termes des dispositions de l'article 187 du COCC, celui qui, par erreur ou sous l'effet de la violence, effectue un paiement sans cause ou exécute un contrat entaché de nullité, peut demander la répétition de l'indu, sous réserve des dispositions particulières aux incapables et aux contrats contraires aux bonnes mœurs. La répétition de l'indu nécessite alors le paiement d'une dette à la suite d'une erreur, d'une violence ou un contrat entaché de nullité. En revanche, point n'est pas que le demandeur soulève l'une de ces conditions pour exercer l'action de *in rem verso*. Il suffit, pour la rendre recevable, qu'il allègue et offre d'établir l'existence d'un avantage qu'il aurait, par un sacrifice ou un fait personnel, procuré à celui contre lequel il agit[85]. L'enrichissement sans cause ne prend en considération que l'absence de cause de l'avantage procuré à l'enrichi. Ainsi, si l'*accipiens* n'a reçu que ce qui lui ait dû, même par un tiers, il sera écarté[86].

En matière de répétition de l'indu, l'absence de cause s'apprécie dans les rapports entre le *solvens* et l'*accipiens*. Il est considéré par définition que l'*accipiens* a une créance, mais sur un autre débiteur que le *solvens*.

À la suite d'un enrichissement sans cause, l'indemnité due à l'appauvri est égale à la moins élevée des deux sommes représentatives, l'une de l'enrichissement, l'autre de l'appauvrissement[87]. Par ailleurs, une créance née d'un

---

[84] Ph. DEROUIN, Le paiement de la dette d'autrui – Répétition de l'indu et enrichissement sans cause, Recueil Dalloz Sirey, 1980, p. 200.

[85] Ph. DEROUIN, Le paiement de la dette d'autrui – Répétition de l'indu et enrichissement sans cause, précité, p. 200.

[86] Ph. DEROUIN, Le paiement de la dette d'autrui – Répétition de l'indu et enrichissement sans cause, précité, p. 201.

[87] Droit français ; Cass. 1re civ., 19 janvier 1953, D. 1953, 234.

enrichissement sans cause n'existe et ne peut produire d'intérêts moratoires que du jour où elle est judiciairement constatée[88].

Le transfert rapide d'argent ne doit pas être confondu avec la monnaie électronique.

[88] Droit français ; Cass. com., 6 janvier 1987, Bull. civ. IV, n° 6, p. 4.

CHAPITRE 2

LA MONNAIE ÉLECTRONIQUE

Un système de paiement est une infrastructure du marché financier dédiée au transfert de fonds par compensation et/ou règlement sur la base d'un ou plusieurs moyens de paiement[89]. Il est constitué des éléments ci-après :

✓ un accord formel multilatéral entre un opérateur qui peut être une banque centrale, ou une structure interbancaire et des institutions financières dénommées « participants » ;

✓ des règles de fonctionnement et des procédures normalisées ;

✓ une infrastructure technique convenue entre l'opérateur et les participants ;

✓ un dispositif de gestion des risques tant au niveau de l'opérateur que des participants ;

✓ un ou plusieurs moyens de paiement. Le moyen de paiement est un instrument permettant de transférer des fonds, quel que soit le support ou procédé utilisé. À titre d'illustration, les espèces, le chèque, le virement, la lettre de change, le billet à ordre ainsi que le prélèvement sont des moyens de paiement.

Les circuits de paiement existants dans les États membres de l'Union Economique et Monétaire Ouest Africaine (UEMOA) sont constitués essentiellement des :

✓ systèmes gérés par la BCEAO : STAR-UEMOA (Système de Transfert Automatisé et de Règlement dans

[89] Note d'information n° 5/2017 BCEAO.

l'UEMOA), SICA-UEMOA (Système Interbancaire de Compensation Automatisé dans l'UEMOA) et SAGETIL-UMOA (Système Automatisé de Gestion des Titres et de la Liquidité de l'Union Monétaire Ouest Africaine) ;

✓ systèmes gérés par les banques (réseaux intrabancaires, systèmes monétiques privatifs) ;

✓ systèmes gérés par les établissements émetteurs de monnaie électronique ;

✓ autres systèmes gérés par des acteurs privés, notamment de règlement-livraison de titres, de traitement de transactions monétiques interbancaires et de transfert rapide d'argent.

Les établissements émetteurs de monnaie électronique sont, à titre principal, organisés aujourd'hui par l'instruction n° 01/2006/SP du 31 juillet 2006 relative à l'émission de monnaie électronique et aux établissements de monnaie électronique. En effet, le cadre réglementaire a été posé dès 2006 par l'instruction n° 01/2006/SP du 31 juillet 2006 qui sera abrogée[90] et remplacée en 2015. L'instruction n° 008-05-2015 organise les conditions et modalités d'exercice des activités des émetteurs de monnaie électronique dans les États membres de l'UMOA[91].

La monnaie électronique est une valeur monétaire représentant une créance sur l'émetteur qui est stockée sur un support électronique ou sur un support de même nature, émise sans délai contre la remise de fonds d'un montant dont la valeur n'est pas inférieure à la valeur monétaire émise et

---

[90] Art. 42 de l'Instruction n° 008-05-2015 régissant les conditions et modalités d'exercice des activités des émetteurs de monnaie électronique dans les Etats membres de l'UMOA.

[91] Il faut cependant la conjuguer avec le Règlement 15/2002.

acceptée comme moyen de paiement par des personnes physiques ou morales autres que l'émetteur[92].

La monnaie électronique est-elle une monnaie nouvelle ? En d'autres termes, ce nouveau moyen de paiement présente-t-il les caractéristiques d'une nouvelle forme juridique de monnaie ? Un moyen de paiement peut être défini comme étant « un support de transactions courantes dont disposent les particuliers et les entreprises pour solder le prix d'un bien ou d'un service »[93].

Le paysage des moyens de paiement est en permanente évolution et celle-ci semble aller en s'accélérant. Il a beaucoup changé pour accompagner les tendances de consommation actuelle. Globalement, les moyens classiques de paiement scripturaux et fiduciaires ont tendance à décroître régulièrement au profit des moyens de paiement électroniques[94]. Le monde des affaires est à l'ère de l'informatique. Il est, aujourd'hui, fortement dominé par les instruments de règlement et de crédit dont l'utilisation nécessite l'emprunt des canaux informatiques et des technologies virtuelles[95]. Le destin de l'argent est de devenir numérique[96]. Une telle situation justifiera, de la part de la BCEAO, une réforme de son système de paiement.

L'utilisation massive de la monnaie fiduciaire du fait d'économies réelles essentiellement dominées par le secteur

---

92 cf. art. 1re du Règlement 15/2002 et art. 1re de l'Instruction n° 008-05-2015 régissant les conditions et modalités d'exercice des activités des émetteurs de monnaie électronique dans les Etats membres de l'UMOA.

93 C. Dragon, D. Geiben, D. Kaplan, G. Nallard, « *Les moyens de paiements, Des espèces à la monnaie électronique* », Banque, pp. 18-63, 1997.

94 J.-Y. FOREL, Les moyens de paiements, quelle innovation ? Revue d'économie financière, p. 94.

95 M. R. TCHEUMALIEU FANSI, Droit et pratique bancaire dans l'espace OHADA, L'Harmattan, 2013, p. 251.

96 L'avenir de l'argent, OCDE 2002, p. 7

non structuré, avait plongé les pays de la région UMOA dans une situation où l'épargne intérieure était quasiment indisponible[97]. Il fallait alors au moins réduire de façon considérable le mode classique de circulation de la monnaie afin de promouvoir la bancarisation considérée comme nécessaire au développement économique. Telle a été l'ambition de la réforme de 2002 avec le Règlement 15/2002 pour la promotion et l'utilisation des moyens de paiements scripturaux. Outre le fait de consacrer sous certaines conditions un droit à l'ouverture de compte bancaire[98], il en fait une obligation pour les commerçants[99]. En outre, dans les relations entre commerçants agissant dans l'exercice de leur commerce, ceux-ci ne peuvent refuser les paiements ou versements de sommes d'argent d'un montant supérieur ou égal au montant de référence, effectués par virement sur un compte ouvert auprès des services financiers de la Poste ou d'une banque, à moins qu'il n'y ait un autre moyen scriptural de paiement approprié pour servir au paiement du montant inférieur au montant de référence.

Dans leurs relations entre eux ou avec leurs clients, les commerçants ne peuvent refuser les paiements ou versements de sommes d'argent d'un montant supérieur ou égal au montant de référence, effectués par chèque pré-barré ou non, à moins qu'il n'y ait un autre moyen scriptural de paiement approprié pour servir au paiement du montant inférieur au montant de référence.

L'utilisation régulière des moyens scripturaux peut entraîner une remise sur les frais de mise à disposition et d'utilisation dudit moyen. Elle peut également entraîner la gratuité de la gestion du compte[100].

---

[97] O. SOW, La sécurisation des engagements bancaires dans les Etats-parties au Traité de l'OHADA, NENA, 2010, p. 34.

[98] Art. 8 du Règlement 15/2002.

[99] Art 9 du Règlement 15/2002.

[100] Art 13 du Règlement 15/2002.

Dans sa volonté de promouvoir la bancarisation et l'utilisation des moyens de paiement scripturaux, la loi n°2004-15 du 4 juin 2004[101] dispose, en son article 6, que le paiement des factures d'eau, d'électricité, de téléphone et l'exécution de toutes obligations de sommes d'argent sont exonérés du paiement des droits de timbre lorsqu'ils sont effectués au moyen d'un instrument ou procédé scriptural de paiement.

La monnaie scripturale est une monnaie qui existe en écriture[102]. Elle correspond à la somme des soldes créditeurs des agents non bancaires (ménages, entreprises) sur les comptes bancaires ouverts auprès des établissements de crédit ou des institutions assimilées. Il ne faut donc pas la confondre avec la monnaie fiduciaire. Cette dernière est l'ensemble de la monnaie émise par un Etat sous la forme de pièce ou de billet.

La dématérialisation dans le secteur des instruments de paiement est donc une réalité. Mais est-ce que c'est suffisant pour faire de la monnaie électronique une monnaie nouvelle ? Pour le droit UMOA, nous sommes devant une monnaie scripturale. En effet, il définit la monnaie scripturale comme tout instrument ou procédé sur support papier ou électronique admis par le présent Règlement comme moyen de paiement valable[103].

---

[101] Elle transpose dans le droit interne la directive n° 8/2002/CM.UEMOA du 19 septembre 2002 portant sur les mesures de promotion de la bancarisation et de l'utilisation d'es moyens de paiement scripturaux.

[102] Mais l'écriture ne doit pas être liée au papier. Aux termes des dispositions de l'article 27 de la loi sur les transactions électroniques, l'écrit résulte d'une suite de lettres, de caractères, de chiffres ou de tous autres signes ou symboles dotés d'une signification intelligible, quels que soient leur support et leurs modalités de transmission.

[103] Art 13 du Règlement 15/2002.

Alors que la monnaie fiduciaire est directement échangée entre deux individus lors d'une transaction payée au comptant, la monnaie scripturale est transférée d'un compte à un autre compte, au moyen d'instruments spécifiques qui sont : le chèque bancaire ou postal ; le virement ; les effets de commerce, principalement la lettre de change et le billet à ordre ; le titre interbancaire de paiement (TIP) ; le virement automatique ; le prélèvement automatique ; les cartes bancaires ; le porte-monnaie électronique. Avec la monnaie électronique, il s'agit alors non pas de nouvelles formes de monnaie, mais de nouveaux moyens d'exécuter des transactions grâce à des formes de monnaie déjà existantes. Les véritables nouvelles monnaies n'apparaissent qu'au moment où un particulier ou une institution propose de créer de toutes pièces une unité symbolique, en s'engageant à la rembourser ultérieurement à une valeur donnée[104].

À la faveur de l'Instruction n°008-05-2015 régissant les conditions et modalités d'exercice des activités des émetteurs de monnaie électronique dans les États membres de l'UEMOA, plusieurs acteurs non bancaires ont obtenu des agréments en qualité d'établissement de monnaie électronique (EME). Ces EME sont habilités à offrir des services de paiement adossés à la monnaie électronique exclusivement au sein de l'UEMOA[105].

Pour s'assurer de la maîtrise des risques inhérents au développement de la monnaie électronique et dans le souci de protéger les utilisateurs de monnaie électronique, l'instruction installe un cadre de supervision de l'émission de monnaie électronique. Le dispositif repose sur trois piliers majeurs que sont :

---

[104] Riel Miller, Wolfgang Michalski et Barrie Stevens, L'avenir de l'argent, in L'avenir de l'argent, OCDE 2002, p. 13.

[105] Point 3 de la note d'information n° 5/2010, BCEAO.

✓ l'auto-discipline des émetteurs et gestionnaires de la monnaie électronique. Cela vise à inciter les acteurs à mettre en place au sein de leurs organisations des dispositifs efficaces de gestion des risques ;

✓ la discipline de marché :

✓ se réfère à l'obligation faite aux émetteurs de monnaie électronique de mettre à la disposition de leur clientèle, les conditions tarifaires applicables aux opérations ;

✓ les exigences réglementaires : elles se rapportent au respect des conditions minimales requises pour préserver la sécurité des services de paiement adossés à la monnaie électronique. Ces exigences concernent :

✓ la robustesse du dispositif organisationnel appréciée à travers la capacité de l'émetteur de monnaie électronique à gérer les risques financiers et opérationnels inhérents à son activité ;

✓ la sécurité des infrastructures techniques déployées pour l'offre de services de paiement adossés à la monnaie électronique qui couvrent la disponibilité, l'intégrité, la confidentialité et la traçabilité des opérations.

SECTION 1 : LES PERSONNES ÉMETTRICES DE MONNAIE ÉLECTRONIQUE

Pour garantir la sécurisation du monde de la monnaie électronique, le droit agit sur les acteurs. Seules certaines personnes peuvent émettre de la monnaie électronique. Cependant, pour une meilleure accessibilité de l'opération, elles peuvent signer des contrats de partenariat avec d'autres.

Paragraphe 1 : Les acteurs principaux dans l'émission de monnaie électronique

L'émission de monnaie électronique est fortement encadrée. En effet, ne peuvent l'émettre que trois catégories de personnes.

A. Les établissements de crédit

Les établissements de crédit intervenant dans l'émission de la monnaie électronique sont les banques et les établissements financiers de paiement[106]. Ils doivent juste informer la BCEAO, deux (02) mois au moins avant le démarrage de leurs activités d'émission ou de commercialisation auprès du grand public, de tout nouveau service lié à la monnaie électronique. À l'exception des banques et des établissements financiers de paiement habilités par la loi portant réglementation bancaire, aucune structure ou établissement ne peut exercer des activités d'émission de monnaie électronique, sans avoir été dûment agréé ou autorisé préalablement par la Banque Centrale.

Aux termes de l'instruction n° 11-12/2010/RB relative au classement, aux opérations et à la forme juridique des établissements financiers à caractère bancaire, parmi les cinq catégories d'établissements financiers à caractère bancaire, il y a les établissements financiers de paiement. Ils sont spécialisés dans le service de paiement. Ces services s'entendent de toute activité exercée à titre professionnel et destinée à mettre à la disposition du public, des instruments

---

[106] Les établissements financiers de paiement sont des établissements financiers à caractère bancaire. Pour étude, développements sur le transfert rapide d'argent – prestataire habilité. Sur les établissements de crédit, nos développements par rapport aux intermédiaires agréés pour le transfert rapide d'argent.

ou offrir des prestations lui permettant notamment l'exécution, quels que soient l'infrastructure, le support ou le procédé technique utilisé, des opérations ci-après : encaissements ; versements ; retraits ; virements ; paiements ; prélèvements[107].

B. Les Systèmes financiers décentralisés (SFD)

Le SFD est une institution dont l'objet principal est d'offrir des services financiers a des personnes qui n'ont généralement pas accès aux opérations des banques et établissements financiers tels que définis par la loi portant règlementation bancaire et habilitée aux termes de la loi portant réglementation des systèmes financiers décentralisés à fournir ces prestations[108].

Ils doivent tout de même, au préalable, chercher une autorisation auprès de la BCEAO pour exercer l'activité d'émission. Pour obtenir l'autorisation, le SFD doit enregistrer des fonds propres et un montant global des dépôts de la clientèle détenus dans ses livres au moins égal à trois cents millions de FCFA (300 000 000 FCFA) à la fin de l'exercice social qui précède la date de la demande d'autorisation.

C. Les établissements de monnaie électronique

L'établissement de monnaie électronique est une personne morale, autre que les banques, les établissements financiers de paiement et les SFD, habilitée à émettre des

[107] Art. 8 de l'instruction n° 11-12/2010/RB relative au classement, aux opérations et à la forme juridique des établissements financiers à caractère bancaire. Sur les SFD, nos développements par rapport aux intermédiaires agréés pour le transfert rapide d'argent.

[108] Art. 1er de l'Instruction n° 008-05-2015 précitée.

moyens de paiement sous forme de monnaie électronique et dont les activités se limitent à l'émission de monnaie électronique et la distribution de monnaie électronique[109]. Ces établissements doivent obligatoirement avoir un agrément de la BCEAO avant le démarrage de leurs activités et avoir leur siège social sur le territoire de l'un des États membres de l'UMOA. Afin de protéger le système et, par ricochet, les clients, leur fonctionnement reste aussi encadré.

1. Les obligations avant le fonctionnement de la société : la demande d'un agrément

Les établissements de monnaie électronique établis au sein de l'Union sont constitués sous forme de Sociétés Anonymes (SA) ou de Société à responsabilité (SARL). Ces deux sociétés présentent le dénominateur commun de la responsabilité limitée aux apports. En effet, la société anonyme est une société dans laquelle les actionnaires ne sont responsables des dettes sociales qu'à concurrence de leurs apports et dont les droits sont représentés par des actions. Les actions peuvent être nominatives ou au porteur.

Pour la SARL, c'est une société dans laquelle les associés ne sont responsables des dettes sociales qu'à concurrence de leurs apports et dont les droits sont représentés par des parts sociales.

SA ou SARL, l'établissement de monnaie électronique ne peut pas être une société unipersonnelle[110]. Il résulte toujours d'une conjugaison d'apports de plusieurs personnes.

Il peut cependant être déploré l'absence de possibilité d'opter pour la forme de la société par actions simplifiée (SAS). La société par actions simplifiée est une société instituée par un ou plusieurs associés et dont les statuts

---

[109] Art. 1er de l'Instruction n° 008-05-2015 précitée.
[110] Art. 9 de l'Instruction n° 008-05-2015 précitée.

prévoient librement l'organisation et le fonctionnement sous réserve des règles impératives de l'AUSC-GIE. Les associés de la société par actions simplifiée ne sont responsables des dettes sociales qu'à concurrence de leurs apports et leurs droits sont représentés par des actions.

Les établissements de monnaie électronique peuvent adopter la forme de Mutuelles, de Coopératives ou de Groupements d'intérêt économique. La société coopérative est un groupement autonome de personnes volontairement réunies pour satisfaire leurs aspirations et besoins économiques, sociaux et culturels communs, au moyen d'une entreprise dont la propriété et la gestion sont collectives et où le pouvoir est exercé démocratiquement et selon les principes coopératifs. À l'opposé, l'institution mutualiste ou coopérative d'épargne et de crédit est un groupement de personnes, doté de la personnalité morale, sans but lucratif et à capital variable, fondé sur les principes d'union, de solidarité et d'entraide mutuelle et ayant principalement pour objet de collecter l'épargne de ses membres et de leur consentir du crédit.

Le capital minimum d'un établissement de monnaie électronique est au minimum de trois cents millions de FCFA (300 000 000 FCFA). Il doit être intégralement souscrit et totalement libéré en numéraire, avant l'octroi de l'agrément. En d'autres termes, on ne saurait y faire l'application du principe de l'échelonnement du versement de l'apport en numéraire.

L'objet social doit porter exclusivement sur cette activité[111]. La société qui souhaite solliciter l'agrément en qualité d'établissement de monnaie électronique devra donc épouser une certaine précision sur la question.

---

[111] Art. 9 *in fine* de l'Instruction n° 008-05-2015 précitée.

Les dirigeants de l'établissement de monnaie électronique doivent jouir d'une honorabilité irréprochable[112]. En effet, par rapport à la demande d'agrément, le requérant a l'obligation de soumettre à la Banque Centrale un dossier complet comprenant une fiche de renseignement sur les principaux actionnaires, dirigeants et partenaires de l'institution. Les personnes qui ont fait l'objet d'une condamnation définitive par suite d'infractions portant atteinte aux biens ou pour crimes de droit commun, ne peuvent :

✓ être membre d'un organe d'administration d'un établissement de monnaie électronique, ni directement, ni par personne interposée ;

✓ administrer, diriger, gérer ou contrôler un établissement de monnaie électronique ou une de ses agences, filiales ou succursales ;

✓ créer un établissement de monnaie électronique.

L'agrément est unique[113]. Ainsi, à compter de son agrément dans un État membre, tout établissement de monnaie électronique est habilité, sous réserve de requérir l'autorisation de la Banque Centrale[114], à exercer ses activités d'émission, de distribution de monnaie électronique ainsi que de stockage de données sur support électronique pour le compte d'autres personnes morales sur le territoire des autres États membres de l'Union, notamment en y établissant des filiales ou succursales.

Le dossier de demande d'agrément ou d'autorisation est déposé, pour instruction, auprès de la Direction nationale de

---

[112] Art. 21 de l'Instruction n° 008-05-2015 précitée.

[113] Art. 20 de l'Instruction n° 008-05-2015 précitée.

[114] La demande est adressée au Gouverneur de la Banque Centrale et déposée auprès de la Direction Nationale de la BCEAO de l'Etat dans lequel l'extension des activités est prévue.

la BCEAO de l'État dans lequel est domicilié l'établissement demandeur.

À noter que la règle de l'agrément unique n'est pas l'apanage des établissements de monnaie électronique. En effet, afin de favoriser une plus grande intégration des marchés bancaires et financiers nationaux par la libre prestation de services sur l'ensemble du territoire de l'Union, l'agrément accordé aux établissements de crédit est un agrément unique.

Instauré depuis le 1er janvier 1999, l'agrément unique permet aux banques et établissements financiers déjà agréés et désireux de s'implanter dans un autre État membre de l'UMOA, d'être dispensés de toute autre procédure d'agrément pour exercer leur activité ou offrir en libre prestation leurs services. Tout de même l'établissement de crédit devra préalablement à l'ouverture des dites succursales et/ou filiales, notifier son intention sous forme de déclaration à la Commission Bancaire et être déposée auprès de la Banque Centrale[115].

2. Des obligations durant le fonctionnement de la société

Contrôle interne de gestion. Les établissements de monnaie électronique doivent être gérés de manière saine et prudente, en vue de garantir leur solvabilité et leur équilibre financier.

Ils ont notamment l'obligation de disposer de manuels de procédures comptables, administratives et financières ainsi que de procédures de contrôle interne adéquates.

[115] Cf. Instruction n°018-04-2011 Etablissant la liste des documents et informations constitutifs du dossier de déclaration d'intention d'installation dans le cadre de l'agreement unique.

Le dispositif de contrôle doit notamment assurer :

- ✓ la fiabilité des livres et des documents comptables ;
- ✓ la prévention et la détection des risques ;
- ✓ le respect des dispositions législatives et réglementaires.

Les établissements de monnaie électronique doivent s'assurer que leurs distributeurs sont dotés d'un dispositif de contrôle interne efficace, adapté à leur organisation, à la nature et au volume de leurs activités ainsi qu'aux risques auxquels ils sont exposés.

Les organes sociaux sont responsables du bon fonctionnement du système de contrôle interne au sein des établissements de monnaie électronique et auprès de leurs distributeurs. À cet égard, ils doivent mettre en place un dispositif de gestion des risques, en vue d'identifier et de maîtriser tous les risques significatifs en relation avec les exigences de leurs activités.

Exigences en matière de capitaux propres. Les capitaux propres d'un établissement de monnaie électronique doivent, à tout moment, être supérieurs ou au moins égaux au montant du capital social minimum.

Ils doivent être, à tout moment, égaux ou supérieurs à trois pour cent de son encours en monnaie électronique émise.

Modification du capital social et participations dans d'autres structures. L'établissement de monnaie électronique ne peut détenir des participations que dans des entreprises qui exercent des activités liées à la monnaie électronique qu'il émet ou qu'il distribue.

Toute opération de prise, d'extension ou de cession de participation, directe ou indirecte dans un établissement de monnaie électronique, est soumise à l'autorisation préalable de la Banque Centrale.

Est également subordonnée à l'autorisation préalable de la BCEAO, toute opération de fusion-absorption, de scission ou de dissolution anticipée.

Comptabilisation des opérations. Les établissements de monnaie électronique doivent tenir une comptabilité de toutes leurs opérations réalisées.

Ils établissent leurs comptes conformément aux dispositions de l'Acte uniforme de l'OHADA portant organisation et harmonisation des comptabilités des entreprises et aux autres règles particulières fixées par la Banque Centrale.

Ces comptes doivent être certifiés réguliers et sincères par un ou plusieurs Commissaires aux comptes, conformément aux prescriptions de l'Acte uniforme de l'OHADA relatif au droit des sociétés commerciales et du groupement d'intérêt économique.

Paragraphe 2 : Les acteurs partenaires

Les établissements émetteurs de monnaie électronique peuvent entrer en relation contractuelle avec des distributeurs. Ils peuvent aussi signer des accords de partenariat avec des opérateurs techniques.

A. Les distributeurs

Les émetteurs de monnaie électronique peuvent recourir aux services d'une ou de plusieurs entreprises dénommées distributeurs. Le distributeur est une personne physique ou morale inscrite au RCCM ou un SFD, offrant à la clientèle, sur la base du contrat avec l'établissement émetteur, un service de distribution de monnaie électronique[116]. En d'autres termes, il assure les services liés :

- à la souscription des contrats d'utilisation avec la clientèle ;
- au retrait d'espèces ;
- au chargement et rechargement contre remise de monnaie fiduciaire ou scripturale ;
- au paiement ;
- au transfert d'argent liés à la monnaie électronique.

Les établissements émetteurs de monnaie électronique doivent communiquer à la BCEAO la liste actualisée de leurs distributeurs ainsi que les dispositions mises en place pour la maîtrise des risques, notamment de gouvernance et de liquidité dans leur réseau de distribution.

Le contrat de distribution conclu entre l'établissement émetteur de monnaie électronique et son distributeur doit préciser les obligations respectives de chaque partie. Mais, il ne saurait comporter une clause d'exclusivité. Le distributeur ne peut, en aucun cas, être contraint à limiter ses activités à un seul établissement émetteur de monnaie électronique.

Les actions de communication du distributeur ou toute autre action de sa part à l'endroit du public doivent indiquer l'établissement émetteur, y compris lorsque le distributeur agit dans le cadre de partenariats avec plusieurs émetteurs.

Le réseau de distributeurs peut être organisé autour de distributeurs principaux et de sous-distributeurs. Peuvent notamment être des distributeurs principaux :

- Les SFD ;
- Les institutions financières non bancaires comme la Poste et les sociétés d'assurance ;

---

[116] Art. 1er de l'Instruction n° 008-05-2015 précitée.

- Les entreprises privées non financières ou toute autre personne inscrite au RCCM disposant de liquidités suffisantes pour répondre aux besoins des détenteurs des unités de monnaies électroniques.

Le sous-distributeur est la personne physique ou morale ou le SFD, offrant à la clientèle, en exécution d'un contrat avec le distributeur, sous la responsabilité de l'émetteur, un service de distribution de monnaie électronique. Ce sont des personnes physiques ou morales, immatriculées au Registre du Commerce et du Crédit Mobilier ou à tout autre Registre tenant lieu, qui ont reçu mandat d'un ou de plusieurs distributeurs principaux chargés de les approvisionner en monnaie électronique et en liquidité, aux fins d'accomplir une ou plusieurs opérations de distribution.

Le contrat de distribution repose sur le mandat. L'émetteur (mandant) demeure légalement responsable envers ses clients et les tiers de tous les services sous-traités à ses agents principaux, et de la liquidité de ses agents et de leur respect des obligations de diligence. Nonobstant toute clause contraire, les établissements émetteurs demeurent responsables, à l'égard de leurs clients et des tiers, des opérations réalisées par leurs distributeurs, dans le cadre de la fourniture de services pour lesquels ils ont été mandatés. À ce titre, ils sont responsables de l'intégrité, de la fiabilité, de la sécurité, de la confidentialité et de la traçabilité des transactions réalisées par chacun de leurs distributeurs[117]. Le distributeur doit tenir un journal des opérations enregistrant les fraudes relevées et les réclamations des clients. En effet, il doit apporter le concours nécessaire à l'établissement émetteur pour assurer la traçabilité des transactions.

Le contrat de souscription conclu avec chaque client doit notamment énoncer que l'établissement émetteur est

[117] Art. 18 *in fine* de l'Instruction n° 008-05-2015 précitée.

responsable, vis-à-vis du client, du bon dénouement des opérations réalisées par le distributeur[118].

De par leur qualité de mandataire et le contenu de leur mission, les distributeurs suivent le régime des sous-agents dans le transfert rapide d'argent. En d'autres termes, loin de devoir être qualifiés d'intermédiaires en opérations de banque, ils sont des commerçants, des agents commerciaux.

Les établissements émetteurs veillent à ce que les distributeurs principaux et les sous-distributeurs, appliquent les prescriptions en matière de sécurité et de vigilance, définies dans le cadre de la relation commerciale, y compris leurs mesures relatives à la lutte contre le blanchiment de capitaux et le financement du terrorisme.

Outre le distributeur, les établissements émetteurs de monnaie électronique peuvent conclure des accords de partenariat avec un ou plusieurs opérateurs techniques.

B. Les opérateurs techniques

Les établissements émetteurs de monnaie électronique peuvent conclure des accords de partenariat avec un ou plusieurs opérateurs techniques.

L'opérateur technique est une structure qui fournit à un établissement émetteur, les services techniques ainsi que les conditions matérielles et logicielles pour le traitement des opérations liées à la monnaie électronique, sans être elle-même émetteur de monnaie électronique.

L'activité des opérateurs doit se limiter au traitement technique de la monnaie électronique ou à sa distribution, sous la responsabilité de l'émetteur[119]. Dans une telle situation, les actions de communication du partenaire

---

[118] Art. 29 *in fine* de l'Instruction n° 008-05-2015 précitée.

[119] Art. 4 de l'Instruction n° 008-05-2015 précitée.

technique ou toute autre action à l'endroit du public doivent indiquer l'établissement émetteur, y compris lorsque celui-ci agit dans le cadre de partenariats avec plusieurs émetteurs.

Un opérateur de réseau mobile ne peut donc créer et gérer de la monnaie électronique. Tout au plus, il peut être un partenaire technique de l'établissement émetteur avec la compétence qui en découle[120].

La responsabilité de l'émission de monnaie électronique ne peut être externalisée auprès d'un opérateur technique[121].

Paragraphe 3 : Le détenteur

Le détenteur est la personne qui, en vertu d'un contrat qu'elle a conclu avec un établissement émetteur, détient de la monnaie électronique[122].

Certaines obligations sont imposées au détenteur. Comme pour la conclusion de tous contrats, le détenteur doit être capable. « Toute personne peut contracter, si elle n'en est pas déclarée incapable par la loi »[123]. La capacité est l'aptitude à être titulaire de droits et à les exercer. En principe, toutes les personnes sont capables. Il s'agit de la capacité de jouissance et de la capacité d'exercice. La capacité est le principe, l'incapacité l'exception.

Il y a les incapables de protection et ceux de sanction. L'incapacité de protection concerne les personnes dont les facultés mentales ne sont pas développées (le mineur) ou

---

[120] A. SAKHO, Un cadre réglementaire pour une révolution venue d'AFRIQUE : les services financiers par téléphone mobile, précité, p. 103. A noter que rien ne lui interdit de se muter ou de constituer un établissement émetteur de monnaie électronique.

[121] Art. 4 *in fine* de l'Instruction n° 008-05-2015 précitée.

[122] Art. 1 de l'Instruction n° 008-05-2015 précitée.

[123] Art. 57 COCC

sont altérées (les majeurs incapables)[124]. Le mineur, sauf s'il est émancipé, ne peut contracter. Au Sénégal, le mineur est émancipé de plein droit par le mariage. En ce qui concerne les mineurs non émancipés, ils ne peuvent détenir un compte de monnaie électronique, que sous réserve d'une autorisation dument établie d'un parent ou d'un tuteur détenteur d'un document officiel en cours de validité[125].

La validité du contrat nécessitera alors que le majeur en curatelle soit assisté de son curateur et, le mineur qui n'est pas émancipé ou le majeur en tutelle représenté par l'administrateur légal ou leur tuteur. L'acte passé contrairement à ces règles de protection sera frappé de nullité relative suivant les dispositions des articles 86 du Code des Obligations civiles et commerciales. Toutefois, le mineur ne peut faire prononcer une telle nullité que s'il est lésé[126]. Le vice de minorité, à lui seul, ne suffit pas pour justifier l'annulation. Le mineur est restitué non parce que mineur, mais parce que lésé.

Le détenteur, expéditeur, est tenu d'une obligation générale de sécurité dans la transmission des données au moment de l'émission de l'ordre de paiement. Il doit notamment prendre toutes les précautions techniques nécessaires à la sécurisation des données transmises. Si par sa faute les données sont obtenues et utilisées pour émettre un ordre de paiement en son nom, il reste tenu de l'ordre de paiement[127]. Il doit donc agir en « bon père de famille ». Le bon père de famille, c'est le consciencieux et averti, le prudent et diligent. Il sera un bon père de famille en respectant les conditions d'utilisation telles que fournies par

---

124 L'incapacité de protection se limite à une incapacité d'exercice mais non de jouissance (l'incapacité de jouissance, c'est l'inaptitude à être sujet de droit et d'obligations).

125 Art. 27 *in fine* de l'Instruction n° 008-05-2015 précitée.

126 Art. 275 du Code de la famille.

127 Art. 134 du Règlement 15/2002.

l'émetteur. Cela implique bien évidemment de ne pas communiquer le code secret qui permet l'utilisation de l'instrument, mais aussi d'assurer une sécurité minimale de l'instrument et des moyens qui en permettent l'utilisation.

Par ailleurs, l'émission, la modification ou la révocation d'un ordre de paiement effectuée par transmission de message de données ou par tout moyen similaire lie son expéditeur, qu'il soit émis par lui ou par toute autre personne qui a le pouvoir de le lier. L'expéditeur n'est toutefois pas lié s'il parvient à prouver qu'il n'est pas à l'origine de l'ordre de paiement donné par transmission de message de données[128].

Il demeure par contre lié si c'est par sa faute que l'expéditeur a eu accès aux informations permettant l'émission de l'ordre de paiement. L'expéditeur d'un ordre de paiement est tenu par les termes du message transmis.

L'expéditeur doit veiller à la bonne identification du destinataire du virement avant la transmission de l'ordre de paiement par message de données.

Enfin, le principe d'irrévocabilité des instructions de paiement est posé, interdisant au titulaire de révoquer un transfert de fonds effectué à l'aide de son instrument.

---

[128] Art. 133 du Règlement 15/2002

L'ordre ou l'engagement de paiement donné au moyen d'une carte ou d'un autre instrument et procédé électronique de paiement[129] est irrévocable[130].

Il peut toutefois être fait opposition au paiement en cas :

- de perte, de vol ou d'utilisation frauduleuse de la carte ou du porte-monnaie ;
- d'ouverture d'une procédure collective contre le bénéficiaire.

L'opposition au paiement faite par simple appel téléphonique est recevable et produit les mêmes effets que l'opposition écrite. Le cas échéant, le demandeur n'est pas tenu de communiquer le numéro de sa carte bancaire.

Cependant, pour être valable, l'opposition par appel téléphonique devra être confirmée par le demandeur muni de toutes pièces justificatives dans les vingt-quatre (24) heures ouvrées qui suivent la demande d'opposition.

---

[129] Art. 1 de la loi uniforme relative à la répression des infractions en matière de chèque, de carte bancaire et d'autres instruments et procédés électronique de paiement : « Autres instruments et procédés électroniques de paiement » : tous instruments ou procédés concourant à la réalisation d'une opération de paiement électronique autre que la carte bancaire. « Opération de paiement électronique » : toute opération de paiement effectuée à l'aide d'une carte à piste(s) magnétique(s) ou incluant un micro-processeur, auprès d'un équipement terminal de paiement électronique (TPE) ou terminal de vente (TPV). N'est pas une opération de paiement électronique :

- le paiement par chèque garanti par une carte bancaire ;
- le paiement par carte selon des procédures mécaniques (facturettes).

[130] Art. 142 du Règlement 15/2002.

SECTION 2 : L'EXERCICE DE L'ACTIVITÉ PAR LES ÉTABLISSEMENTS ÉMETTEURS DE MONNAIE ÉLECTRONIQUE

Les établissements émetteurs de monnaie électronique, agréés ou autorisés par la Banque Centrale, peuvent fournir des services liés à l'émission, la distribution de monnaie électronique ainsi que le stockage de données sur support électronique pour le compte d'autres personnes morales.

Paragraphe 1 : Les règles organisant les rapports avec le client

Dans la relation établissement émetteur de monnaie électronique et client, un ensemble d'obligations est mis à leurs charges et un certain comportement exigé.

A. Les obligations des établissements émetteurs dans la relation avec le client

Un ensemble d'obligations est mis à la charge de l'établissement émetteur dans ses rapports avec la clientèle.

1. L'identification du client au moment de l'ouverture de compte

Le compte de monnaie électronique[131] peut être appréhendé comme le point départ des relations entre l'émetteur de monnaie électronique et le client.

---

[131] A ne pas confondre avec le compte bancaire. En matière de monnaie électronique, il n'est pas nécessaire, pour l'utilisateur, d'avoir un compte bancaire.

Contrat, elle répond des conditions de validité exigées par le COCC (voir développement sur le compte). Pour cela, l'établissement émetteur est tenu d'identifier ses clients, sur présentation d'un document officiel en cours de validité, préalablement à l'ouverture d'un compte de monnaie électronique. Il conserve une copie du document d'identification produit lors de l'ouverture du compte. L'absence d'identification du client ne l'exclut cependant pas du monde de la monnaie électronique. L'établissement émetteur peut mettre à la disposition d'un détenteur non identifié un montant total mensuel en monnaie électronique qui ne peut excéder deux cents mille FCFA[132].

En ce qui concerne les mineurs non émancipés, ils ne peuvent détenir un compte de monnaie électronique, que sous réserve d'une autorisation dument établie d'un parent ou d'un tuteur détenteur d'un document officiel en cours de validité[133].

Outre les conditions de validité inhérentes à tous les contrats, celui d'ouverture de compte de monnaie électronique doit être signé par l'émetteur de monnaie électronique et le client et contenir :

1. les conditions d'utilisation des services liés à la monnaie électronique ;
2. la description des usages possibles des unités de monnaie électronique ;
3. les plafonds appliqués aux opérations autorisées.

Les avoirs en monnaie électronique détenus par un même client identifié auprès d'un établissement émetteur ne peuvent excéder deux millions FCFA, sauf autorisation expresse de la Banque Centrale.

---

[132] Art. 31 de l'Instruction n° 008-05-2015 précitée.

[133] Art. 27 *in fine* de l'Instruction n° 008-05-2015 précitée.

Lorsqu'un porteur possède plusieurs instruments émis par un même établissement émetteur, ce dernier s'assure que le solde cumulé n'excède pas ce montant, sauf autorisation expresse de la Banque Centrale.

Le cumul des rechargements en monnaie électronique effectués au cours d'un mois, par un même client, ne peut excéder dix millions FCFA, sauf autorisation expresse de la Banque Centrale.

Ces limitations ne s'appliquent pas aux distributeurs et aux accepteurs de monnaie électronique.

L'autorisation de relèvement du plafond prévue dans ces différentes situations est accordée après justification par l'établissement émetteur de monnaie électronique de la nécessité de ce relèvement ainsi que des mesures de contrôles supplémentaires mises en place par lui.

4. les obligations et responsabilités respectives du bénéficiaire et de l'établissement émetteur. Le contrat doit notamment énoncer que l'établissement émetteur de monnaie électronique est responsable, vis-à-vis du client, du bon dénouement des opérations réalisées par le distributeur.

5. les risques et les mesures de prudence inhérents à l'utilisation des unités de monnaie électronique ;

6. les modalités, les procédures et le délai d'opposition en cas de vol, de perte, de falsification ou de demande de remboursement des unités de monnaie électronique ;

7. les conditions et modalités de contestation des opérations effectuées ;

8. les conditions et modalités de remboursement.

En application du contrat, l'établissement émetteur est tenu de mettre à la disposition de sa clientèle, de façon accessible, les conditions tarifaires applicables à ses opérations. L'établissement émetteur est également tenu de mettre en place un dispositif d'écoute, de réception et de traitement des réclamations des clients et des accepteurs. Ce dispositif de réclamations doit :

- être accessible par divers canaux à tout moment ;
- engager l'établissement sur un délai de traitement des réclamations ;
- assurer la traçabilité des réclamations reçues et traitées.

Toutes les transactions effectuées par le client doivent donner lieu à la production d'un reçu électronique précisant notamment :

- le numéro de référence de la transaction ;
- la nature du service ;
- le nom de l'émetteur de monnaie électronique ;
- le numéro d'immatriculation du distributeur ou du sous-distributeur, le cas échéant ;
- l'identité de l'expéditeur ou du récepteur de la transaction selon le cas ;
- l'heure, le montant et les frais de la transaction.

2. Le porte-monnaie électronique

La monnaie électronique peut reposer sur un support matériel comme la carte à puce ou sur tout autre moyen similaire. Elle peut aussi reposer sur un logiciel intégré dans un ordinateur personnel. Elle témoigne alors de la dématérialisation du titre. En effet, si la monnaie « classique » est stockée dans des porte-monnaie, dans des coffres ou sur des registres en papier, la monnaie électronique l'est sur des puces de cartes plastiques ou sur des disques durs d'ordinateurs bancaires.

La monnaie électronique donne accès à un *porte-monnaie électronique.* C'est une carte de paiement prépayée, c'est-à-dire sur laquelle une certaine somme d'argent a été chargée, permettant d'effectuer des paiements électroniques de montants limités sans avoir besoin d'un compte bancaire. La monnaie électronique peut donc être utilisée pour effectuer des paiements à des entreprises autres que l'émetteur sans faire intervenir nécessairement des comptes bancaires dans la transaction[134]. La monnaie électronique est donc, comme la monnaie « classique », une monnaie en circulation. Mais, en lieu et place d'une circulation manuelle, elle circule électroniquement, - et le cas échéant automatiquement - par l'intermédiaire d'ordinateurs interconnectés ou de cartes à puce lues par des lecteurs.

Aux termes des dispositions de l'article 139 du Règlement 15/2002, les banques doivent, préalablement à la délivrance d'une carte de paiement, s'assurer que le demandeur n'a pas fait l'objet d'une décision de retrait de carte, d'une mesure d'interdiction bancaire ou judiciaire d'émettre des chèques ou d'une condamnation pour les infractions visées aux articles 143 et suivants dudit Règlement. Cependant cette disposition ne vise pas le porte-monnaie électronique. C'est en dehors du porte-monnaie électronique, qu'il ne peut être délivré à un demandeur interdit bancaire ou judiciaire d'émettre des chèques qu'une carte de retrait utilisable exclusivement dans les guichets de l'établissement émetteur, tant que la mesure d'interdiction n'aura pas été levée.

Les commerçants, personnes physiques et morales, sont tenus de mettre en place une installation permettant aux clients de composer leur code confidentiel hors de la vue d'autres personnes. En composant leur code confidentiel, les clients devront utiliser les installations mises en place à cet effet pour se mettre à l'abri des regards indiscrets[135].

---

[134] Art. 1re du Règlement 15/2002.
[135] Art. 141 du Règlement 15/2002.

Les commerçants doivent occulter le numéro des cartes sur les factures délivrées aux clients.

Lorsqu'il reçoit une opposition pour perte ou vol d'une carte de paiement ou d'un porte-monnaie électronique, l'établissement émetteur est tenu d'en informer la Banque Centrale.

3. Interdiction d'émission de la monnaie électronique à crédit et de rémunération de fonds

Les établissements émetteurs ne sont pas autorisés à consentir, sous quelque forme que ce soit, des services de crédit à leur clientèle. Le découvert y est donc formellement interdit. Ils ne peuvent, non plus, payer des intérêts sur les fonds perçus en contrepartie des unités de monnaie électronique émises. Toutefois, les fonds provenant d'un crédit octroyé à un client par une banque ou un SFD peuvent être utilisés pour émettre de la monnaie électronique[136].

4. Protection des données personnelles

L'établissement émetteur de monnaie électronique traite et protège les données personnelles de ses clients, conformément aux dispositions législatives et réglementaires en vigueur dans l'État membre de l'Union dans lequel il exerce ses activités.

Les institutions financières qui font partie d'un groupe, mettent en œuvre des politiques et procédures à l'échelle du groupe, notamment des politiques de protection des données et des politiques et procédures relatives au partage des informations au sein du groupe aux fins de la lutte contre le blanchiment de capitaux et le financement du terrorisme. Ces

---

[136] Art. 5 de l'Instruction n° 008-05-2015 précitée.

politiques et procédures sont mises en œuvre efficacement au niveau des succursales et des filiales, établies dans les États membres et dans des États tiers[137].

Lorsqu'une institution financière a des bureaux de représentation, des succursales ou des filiales dans des États tiers dans lesquels les obligations minimales en matière de lutte contre le blanchiment de capitaux et le financement du terrorisme sont moins strictes que sur le territoire dans lequel elle est installée, lesdits bureaux de représentation, succursales et filiales appliquent les obligations en vigueur sur son territoire, y compris en matière de protection des données, dans la mesure où les dispositions législatives et réglementaires des États tiers en question le permettent. Les autorités de contrôle concernées s'informent mutuellement des cas dans lesquels la législation d'un État tiers ne permet pas d'appliquer de telles mesures, de façon à engager une action coordonnée en vue de la recherche d'une solution. Lorsque la législation de l'État tiers ne permet pas d'appliquer les mesures requises, les institutions financières prennent des mesures supplémentaires pour traiter efficacement le risque de blanchiment de capitaux ou de financement du terrorisme et en informent les autorités de surveillance de leur État d'origine.

Si ces mesures supplémentaires sont insuffisantes, les autorités compétentes de l'État d'origine envisagent des mesures de surveillance supplémentaires, notamment, s'il y a lieu, de demander au groupe financier de cesser ses activités dans l'État d'accueil.

---

[137] Art. 89 de la loi uniforme n° 2018-03 du 23 février 2018 relative à lutte contre le blanchiment de capitaux et le financement du terrorisme.

5. Le secret professionnel

La relation établissement de crédit-client est une relation basée sur la confiance ; au moins confiance du client sur la loyauté de l'établissement. La loyauté attendue par le client dépasse les frontières de l'appui dans l'intégrité du consentement (obligation d'information) pour justifier de la part de l'établissement une certaine attitude : le secret professionnel

Les personnes concourant à l'administration, au contrôle, à la direction, à la gérance ou au fonctionnement de l'établissement sont tenues au secret professionnel. Il leur est interdit d'utiliser les informations confidentielles dont elles ont connaissance dans le cadre de leur activité, pour réaliser directement ou indirectement des opérations pour leur propre compte ou en faire bénéficier d'autres personnes.

Le secret professionnel n'est pas seulement l'affaire du droit bancaire. Aux termes des dispositions de l'article 363 du Code pénal sénégalais, les personnes dépositaires, par état ou par profession ou par fonctions temporaires ou permanentes, des secrets qu'on leur confie, qui auront révélé ces secrets, seront punis d'un emprisonnement d'un à six mois et d'une amende de 50.000 à 300.000 francs.

Des raisons d'ordre public justifient que le secret professionnel connaisse de nombreuses limites. Il n'est pas opposable à la Banque centrale, à la Commission bancaire et au Ministère en charge des Finances. Le secret professionnel n'est pas opposable au juge qui, pour les nécessités des investigations qu'il accomplit ou ordonne, peut en délier ceux qui y sont astreints.

Nonobstant toutes dispositions législatives ou réglementaires contraires, le secret professionnel ne peut être invoqué par les institutions financières pour refuser de fournir les informations aux autorités de contrôle ainsi qu'à la CENTIF ou de procéder à la déclaration de soupçon prévue par la loi uniforme relative à la lutte contre le blanchiment de capitaux et le financement du terrorisme dans les États membres de l'UMOA. Il en est de même en ce qui concerne les informations requises dans le cadre d'une enquête portant sur des faits de blanchiment de capitaux et de financement du terrorisme, ordonnée par le juge d'instruction ou effectuée sous son contrôle, par les agents de l'État chargés de la détection et de la répression desdites infractions[138].

Aux fins d'obtenir les preuves de blanchiment de capitaux et de financement du terrorisme, et de la localisation des produits du crime, le juge d'instruction peut ordonner, conformément à la loi, pour une durée déterminée, sans que le secret professionnel ne puisse lui être opposé, diverses actions[139], notamment :

1. la surveillance des comptes bancaires et des comptes assimilés aux comptes bancaires, lorsque des indices sérieux permettent de suspecter qu'ils sont utilisés ou susceptibles d'être utilisés pour des opérations en rapport avec l'infraction d'origine ou des infractions prévues par la présente loi ;

2. l'accès à des systèmes, réseaux et serveurs informatiques utilisés ou susceptibles d'être utilisés par des personnes contre lesquelles existent des indices sérieux de participation à l'infraction d'origine ou aux infractions prévues par la présente loi ;

---

[138] Art. 96 de la loi uniforme relative à la lutte contre le blanchiment de capitaux et le financement du terrorisme dans les Etats membres de l'UMOA.

[139] Art. 93 de la loi uniforme relative à la lutte contre le blanchiment de capitaux et le financement du terrorisme dans les Etats membres de l'UMOA.

3. la communication ou la saisie d'actes authentiques ou sous seing privé, de documents bancaires, financiers et commerciaux ;

4. la mise sous surveillance ou l'interception de communications ;

5. l'enregistrement audio ou vidéo ou la photographie d'actes et d'agissements ou de conversations ;

6. l'interception et la saisie de courrier.

Ces techniques ne peuvent être utilisées que lorsqu'il existe des indices sérieux que lesdits comptes, lignes téléphoniques, systèmes et réseaux informatiques ou documents sont ou peuvent être utilisés par des personnes soupçonnées de prendre part au blanchiment de capitaux ou au financement du terrorisme. La décision du juge d'instruction est motivée au regard de ces critères.

Le secret professionnel est également inopposable aux officiers de police judiciaire et aux agents de la Direction générale des Impôts et des Domaines agissant dans le cadre des enquêtes préliminaires diligentées sur instructions écrites du Procureur spécial près la Cour de répression de l'enrichissement illicite, pour la recherche et la constatation des infractions[140].

Aucune poursuite pour violation du secret professionnel ne peut être engagée à l'encontre des institutions financières ou de leurs dirigeants, préposés ou employés qui, de bonne foi, ont transmis des informations ou effectué des déclarations de soupçons, dans les conditions prescrites par les dispositions législatives et réglementaires applicables ou lorsqu'ils ont communiqué des informations à la CENTIF[141].

---

[140] Des atteintes au secret professionnel sont aussi notées dans la réglementation de la lutte contre le blanchiment de capitaux.

[141] Art. 97 de la loi uniforme relative à la lutte contre le blanchiment de capitaux et le financement du terrorisme dans les Etats membres de l'UMOA. v. développements sur la déclaration de soupçon.

6. Protection des fonds reçus

Les fonds reçus des détenteurs de monnaie électronique, en d'autres termes, les fonds représentant la contrepartie de la monnaie électronique émise, doivent respecter les exigences suivantes :

- être domiciliés, sans délai, dans un compte exclusivement dédié à cette fin auprès d'une ou de plusieurs banques ou systèmes financiers décentralisés de l'Union ;
- être distinctement identifiés dans les comptabilités de l'établissement émetteur ainsi que de la banque ou du système financier décentralisé domiciliataire ;
- faire l'objet, par l'établissement émetteur et la banque ou le SFD domiciliataire, d'une réconciliation quotidienne avec l'encours de la monnaie électronique émise.

Ils ne peuvent être utilisés qu'aux fins de remboursement, en francs CFA, des détenteurs de monnaie électronique ou de placements. L'établissement émetteur ne doit pas non plus les utiliser pour le financement de ses besoins d'exploitation.

La compensation en monnaie électronique doit être réalisée dans un système de paiement autorisé par la Banque Centrale.

Les montants reçus par les établissements émetteurs en contrepartie des unités de monnaie électronique doivent en permanence être supérieurs ou égaux à l'encours de la monnaie électronique en circulation.

La contrepartie de la monnaie électronique en circulation ne peut être placée que dans un ou plusieurs types de comptes et d'actifs énumérés ci-après :

- dépôts à vue auprès d'une ou de plusieurs banques ou SFD ;

- dépôts à terme auprès d'une ou de plusieurs banques ou SFD ;
- titres émis par les Administrations centrales et leurs démembrements ou les Institutions financières régionales ou par des entreprises cotées à la Bourse Régionale des Valeurs Mobilières.

Les placements dans des dépôts à vue doivent représenter au moins soixante-quinze pour cent de l'encours de la monnaie électronique en circulation. La Banque Centrale peut, en fonction des risques que présente un établissement, fixer d'autres seuils pour les placements susvisés. Les actifs sont évalués au montant le moins élevé entre le prix d'acquisition et la valeur du marché.

Le détenteur de la monnaie électronique peut, à tout moment, exiger de l'établissement émetteur ou de son distributeur, le remboursement des unités de monnaie électronique non utilisées, dans les conditions prévues par le contrat d'ouverture de compte, à la valeur nominale en francs CFA des unités de monnaie électronique.

Le contrat conclu entre l'établissement émetteur et le porteur doit établir les conditions, les frais et le délai de remboursement des unités de monnaie électronique non utilisées, qui ne peut excéder trois jours ouvrés.

Les remboursements s'effectuent en francs CFA, en espèces, par chèque ou par virement sur un compte, selon la préférence exprimée par le détenteur.

Lorsque le remboursement est effectué par un distributeur, l'établissement émetteur assume l'entière responsabilité du bon déroulement de l'opération.

B. La répression des fraudes, abus et contrefaçons

Le droit UMOA (par la BCEAO) encadre l'utilisation de la carte bancaire et des autres instruments et procédés électronique de paiement. Les « autres instruments et procédés électroniques de paiement » regroupent tous instruments ou procédés concourant à la réalisation d'une opération de paiement électronique autre que la carte bancaire[142].

« Opération de paiement électronique » : toute opération de paiement effectuée à l'aide d'une carte à piste(s) magnétique(s) ou incluant un micro-processeur, auprès d'un équipement terminal de paiement électronique (TPE) ou terminal de vente (TPV).

N'est pas une opération de paiement électronique :

- le paiement par chèque garanti par une carte bancaire ;
- le paiement par carte selon des procédures mécaniques (facturettes).

Aux termes des dispositions de l'article 16 de la loi uniforme relative à la répression des infractions en matière de chèque, de carte bancaire et d'autres instruments et procédés électroniques de paiement, sont punis d'un emprisonnement de cinq (05) ans et d'une amende de dix millions (10.000.000) de francs CFA :

a) ceux qui contrefont, falsifient ou tentent de contrefaire ou de falsifier une carte bancaire ou tout autre instrument électronique de paiement ;

---

[142] Art. 1 de la loi uniforme n° 2008-48 relative à la répression des infractions en matière de chèque, de carte bancaire et d'autres instruments et procédés électronique de paiement.

b) ceux qui, en connaissance de cause, font usage ou tentent de faire usage d'une carte bancaire ou de tout autre instrument électronique de paiement contrefait, falsifié ou obtenu frauduleusement ;

c) ceux qui, en connaissance de cause, acceptent de recevoir un paiement au moyen d'une carte bancaire ou de tout autre instrument électronique de paiement contrefait, falsifié ou obtenu frauduleusement ;

d) ceux qui détiennent, en connaissance de cause, une carte bancaire ou tout autre instrument électronique de paiement contrefait, falsifié ou obtenu frauduleusement.

Est puni d'un emprisonnement de sept (07) ans et d'une amende de dix millions (10.000.000) de francs CFA, quiconque, en connaissance de cause, fabrique, acquiert, détient, cède, offre ou met à disposition des équipements, instruments, programmes informatiques ou toutes données conçus ou spécialement adaptés pour commettre les infractions prévues à l'article 16 point (a) précité. La tentative des infractions énumérées ci-dessus est punie comme le délit consommé.

Sont punis d'un emprisonnement de cinq (05) ans et d'une amende de dix millions (10.000.000)[143] de francs CFA ceux qui :

a) utilisent sans autorisation et, en connaissance de cause, des données d'identification pour le lancement ou le traitement d'une opération de paiement électronique ;

b) utilisent, en connaissance de cause, des données d'identification fictives pour le lancement ou le traitement d'une opération de paiement électronique ;

---

[143] Art. 18 de la loi uniforme relative à la répression des infractions en matière de chèque, de carte bancaire et d'autres instruments et procédés électronique de paiement.

c) manipulent des données ou des informations portant sur des comptes ou d'autres données d'identification, en vue du lancement ou du traitement d'une opération de paiement électronique ;

d) transmettent sans y être autorisés des données d'identification en vue du lancement ou du traitement d'une opération de paiement électronique ;

e) fabriquent, manient, détiennent ou utilisent sans autorisation un équipement spécifique, en vue :

- de la fabrication ou de l'altération d'une carte bancaire, d'un porte-monnaie électronique ou partie de ceux-ci ;
- du lancement ou du traitement d'une opération de paiement électronique ;
- de la modification ou de l'altération de toute information ou de donnée afférente à tout instrument ou opération de paiement électronique.

f) détiennent sans y être autorisés et, en connaissance de cause, un élément ou une partie d'une carte bancaire ou tout autre instrument de paiement électronique.

La tentative des infractions énumérées ci-dessus est punie comme le délit consommé.

Les mêmes peines sont appliquées à toute personne impliquée, en qualité de complice par aide ou instigation, aux auteurs des infractions ci-dessus visées et supposant une intention délictueuse ou qui obtient, en connaissance de cause, des valeurs ou des avantages pécuniaires provenant desdites infractions.

Sur le fondement de l'article 19 de la loi uniforme relative à la répression des infractions en matière de chèque, de carte bancaire et d'autres instruments et procédés électronique de paiement, sont punis d'un emprisonnement de cinq (05) ans et d'une amende de dix millions (10.000.000) de francs CFA ceux qui utilisent sciemment une carte bancaire ou tout autre instrument et procédé électronique de paiement après :

- l'expiration de sa durée de validité, dans une intention frauduleuse ;
- opposition pour perte, vol, utilisation frauduleuse ou ouverture d'une procédure collective contre le bénéficiaire.

Sont punis des mêmes peines, ceux qui, malgré l'injonction de restitution reçue, continuent à utiliser la carte bancaire ou tout autre instrument et procédé électronique de paiement irrégulièrement détenu.

Conformément à l'article 20 de la loi uniforme relative à la répression des infractions en matière de chèque, de carte bancaire et d'autres instruments et procédés électronique de paiement, sont punis d'un emprisonnement de cinq (05) ans et d'une amende de dix millions (10.000.000) de francs CFA ceux qui effectuent, en connaissance de cause, ou font effectuer, tentent d'effectuer ou de faire effectuer un transfert d'argent ou de valeur monétaire, dans le but de se procurer un avantage économique illégal ou de le procurer à une autre personne en :

a) introduisant, altérant, effaçant ou supprimant des données informatiques ;

b) perturbant le fonctionnement d'un logiciel ou d'un système informatique.

Sont punis d'un emprisonnement de cinq (05) ans et d'une amende de dix millions (10.000.000) de francs CFA ceux qui, en connaissance de cause, fabriquent, reçoivent, obtiennent, vendent, cèdent, détiennent ou tentent de fabriquer, recevoir, obtenir, vendre, céder ou détenir illégalement :

a) des équipements, instruments, articles, logiciels ou tout autre moyen spécialement adapté pour commettre les infractions visées à l'article 20 précité ;

b) des équipements, instruments, articles, logiciels ou tout autre moyen spécialement adapté pour commettre les infractions visées au point e) de l'article 18 précité ;

c) des logiciels destinés à la commission des infractions visées à l'article 20 précité.

Observations : Dans toutes les situations précitées, la confiscation, aux fins de destruction des cartes de paiement ou de retrait contrefaites ou falsifiées, est obligatoire.

Est également obligatoire la confiscation des matières, machines, appareils, instruments, programmes informatiques ou de toutes données qui servent ou sont destinés à la fabrication desdits objets, sauf lorsqu'ils sont utilisés à l'insu du propriétaire.

Les différentes infractions citées constituent des délits.

Les décisions prononcées sur les intérêts civils sont exécutoires par provision, sur minute et avant enregistrement.

Les décisions rendues sont notifiées sans délai à la Banque Centrale à la diligence du Ministère public.

La Banque Centrale est tenue de diffuser auprès des établissements émetteurs l'ensemble des décisions de justice, selon des modalités qu'elle définit.

Paragraphe 2 : Les obligations dans les relations avec les distributeurs

Les établissements émetteurs de monnaie électronique veillent à ce que les distributeurs apportent au public, par tout moyen approprié, notamment par voie d'affichage de manière visible et lisible, les informations relatives à la raison sociale, au logo, au nom commercial ainsi qu'à l'adresse de l'établissement émetteur de monnaie électronique.

Ils veillent à ce que les distributeurs principaux et les sous-distributeurs, appliquent les prescriptions en matière de sécurité et de vigilance, définies dans le cadre de leur relation commerciale, y compris les mesures relatives à la lutte contre le blanchiment de capitaux et le financement du terrorisme.

Nonobstant toute disposition contraire, l'établissement émetteur demeure responsable, à l'égard des clients et des tiers, des opérations réalisées par leurs distributeurs dans le cadre du contrat de mandat qui les lie. Ils sont ainsi responsables de l'intégrité, de la fiabilité, de la sécurité, de la confidentialité et de la traçabilité des transactions réalisées par chacun des distributeurs[144].

Toute solution d'émission de monnaie électronique doit satisfaire aux spécifications ou exigences visant à :

- assurer une haute disponibilité de la plate-forme ;
- préserver l'intégrité des messages ;
- maintenir la confidentialité des informations ;
- garantir l'authenticité des transactions ;
- assurer la non-répudiation des transactions.

L'établissement émetteur doit notamment :

- mettre en place un dispositif éprouvé de continuité de ses opérations ;
- mettre en œuvre une stratégie de gestion des risques définissant la politique, les pratiques et procédures associées aux risques inhérents au système ;
- s'assurer que les dispositions techniques et opérationnelles ont été prises pour faciliter l'interopérabilité avec d'autres systèmes de paiement ;

---

[144] Art. 18 *in fine* de l'Instruction n° 008-05-2015 précitée.

- prouver l'existence d'une piste d'audit permettant d'assurer une traçabilité des opérations depuis l'origine de l'ordre de paiement jusqu'à son dénouement.

L'établissement émetteur assure la traçabilité des opérations sur une période de dix ans, à compter de la date de leur réalisation.

Le respect de ces exigences doit être attesté par des audits périodiques réalisés au moins une fois tous les trois ans, par un organisme externe qualifié, agréé et expérimenté, afin de garantir, notamment, la pertinence du dispositif de sécurisation mis en place. Cet audit technique, qui peut porter également sur la qualité des services, doit être étendu à l'opérateur technique partenaire de l'établissement émetteur, le cas échéant.

Lorsqu'il externalise son dispositif technique, l'établissement émetteur est tenu de s'assurer que le prestataire technique répond aux exigences susmentionnées. À cette fin, il doit disposer de moyens de contrôle de l'activité de ce prestataire.

Un exemplaire de la convention conclue avec le prestataire technique doit être transmis à la BCEAO.

L'externalisation du dispositif technique ne doit altérer ni la qualité, ni le périmètre des contrôles prévus à l'article 37 de l'Instruction n° 008-05-2015 et relatif au contrôle et à la supervision des établissements de monnaie électronique. L'établissement émetteur demeure responsable de la conformité du dispositif technique externalisé aux exigences énoncées.

SECTION 3 : LES RELATIONS AVEC LES AUTORITÉS DE TUTELLE

Les autorités de tutelle supervisent, contrôlent et, à l'occasion, sanctionnent, les émetteurs de monnaie électronique.

Paragraphe 1 : Communication d'informations aux Autorités de supervision

Les Autorités de supervision, notamment la Banque Centrale des États de l'Afrique de l'Ouest, la Commission Bancaire de l'UMOA et le ministre en charge des Finances s'assurent que les établissements de monnaie électronique respectent les dispositions de l'Instruction n° 008-05-2015 régissant les conditions et modalités d'exercice des activités des émetteurs de monnaie électronique dans les États membres de l'UMOA.

A cet effet, les établissements émetteurs doivent communiquer, à toute réquisition de la Banque Centrale, de la Commission Bancaire de l'UMOA et du ministre chargé des Finances, dans les délais prescrits, tous documents, états statistiques, rapports et tous autres renseignements, jugés utiles pour l'examen de leurs activités.

Les établissements émetteurs communiquent, à la BCEAO dans un délai maximum de quinze jours calendaires à compter de la fin du mois concerné, les données relatives à l'encours de la monnaie électronique accompagnées des justificatifs du solde du compte de cantonnement, conformément au canevas figurant en Annexe IV de l'Instruction n° 008-05-2015.

Pour chaque trimestre de l'année civile, les établissements émetteurs communiquent, à la BCEAO, dans un délai maximum de quinze jours calendaires suivant la fin de la période considérée, un rapport sur leurs activités, conformément au canevas figurant en Annexe V de l'Instruction n° 008-05-2015.

Les banques, établissements financiers de paiement et systèmes financiers décentralisés, qui ne satisfont pas, dans les délais prescrits, aux obligations susvisées encourent les pénalités fixées en la matière dans les dispositions régissant leurs activités.

Pour les établissements de monnaie électronique, ils encourent les pénalités suivantes, par jour de retard et par omission :

- 5.000 FCFA durant les quinze premiers jours ;
- 10.000 FCFA durant les quinze jours suivants ;
- 15.000 FCFA au-delà.

La pénalité de retard est due, à compter de la date de réception de la mise en demeure adressée, par la Banque Centrale, audit établissement. Le décompte des pénalités est effectué mensuellement par la BCEAO.

La somme correspondante est recouvrée par la Banque Centrale pour le compte du Trésor public de l'État d'implantation de l'établissement concerné.

En cas de non-paiement, dans les délais indiqués, du montant dû au titre de la pénalité susvisée, la Banque Centrale se réserve le droit d'appliquer les dispositions des articles 39[145] et 40[146] de l'Instruction n° 008-05-2015, à l'encontre de l'établissement concerné.

Paragraphe 2 : Contrôle et supervision des établissements de monnaie électronique

La Banque Centrale peut effectuer, à tout moment, un contrôle sur place des établissements de monnaie électronique, en y associant, le cas échéant, les autres Autorités de supervision.

Les Autorités de supervision se réservent le droit, dans leurs missions, d'étendre leurs investigations sur place aux

---

[145] Les mesures prévues par l'article 39 sont :

- une mise en garde ;
- une injonction à l'effet de prendre, dans un délai déterminé, les mesures appropriées pour se conformer à la réglementation ou pour renforcer sa situation financière.
  Au titre des mesures conservatoires, la Banque Centrale peut prendre toutes dispositions visant le respect de ses injonctions.
  A cet égard, elle peut convoquer, pour audition, les dirigeants d'un établissement pour apprécier les dispositions adoptées ou projetées en vue de déférer à une injonction ou lorsque l'établissement est en difficulté, a l'effet de connaitre les mesures prises ou envisagées pour assurer son redressement.
  Elle peut, également mettre l'établissement concerné sous une surveillance rapprochée, en vue de s'assurer de la mise en œuvre de ses injonctions ou de ses recommandations.

[146] Les sanctions prévues à l'article 40 sont :

- l'avertissement ;
- la suspension ou l'interdiction de tout ou partie des opérations ;
- toutes autres limitations dans l'exercice de l'activité ;
- le retrait de l'agrément ou de l'autorisation d'émettre de la monnaie électronique.
  La BCEAO peut prononcer, en plus des sanctions susmentionnées, une sanction pécuniaire a l'encontre de l'établissement de monnaie électronique, d'un montant au plus égal à vingt-cinq pour cent du capital social minimum requis.

distributeurs et autres prestataires techniques ou partenaires liés à l'activité d'émission de monnaie électronique.

Elles peuvent, dans l'exercice de leur mission de contrôle, recourir à toute expertise et se faire communiquer toute information, sans que les établissements concernés ne puissent s'y opposer.

Les établissements de monnaie électronique sont également tenus de transmettre à la Banque Centrale, au plus tard le 30 juin, leurs états financiers annuels, arrêtés au 31 décembre de l'année écoulée, certifiés par un ou plusieurs Commissaires aux Comptes inscrits à l'ordre des Experts comptables, conformément aux prescriptions de l'Acte uniforme de l'OHADA portant organisation et harmonisation des comptabilités des entreprises.

Paragraphe 3 : Retrait de l'agrément en qualité d'établissement de monnaie électronique ou de l'autorisation d'exercice d'activités de monnaie électronique

Le retrait de l'agrément ou de l'autorisation peut être demandé par l'établissement après un préavis de six mois, ou survenir à la suite de violations graves ou répétées des dispositions de l'Instruction n° 008-05-2015.

Le préavis de six mois commence à courir, à compter de la date d'accusé de réception de la saisine de la Banque Centrale à cet effet.

Le retrait de l'agrément ou de l'autorisation peut être prononcé d'office, lorsque l'établissement de monnaie électronique ou le SFD :

- a cessé d'exercer l'activité de monnaie électronique depuis plus d'un an ;

- n'a pas démarré l'activité plus d'un an après la notification de son agrément ;
- ne remplit plus les conditions exigées pour l'exercice de l'activité d'émission de monnaie électronique, notamment en matière de protection des détenteurs de la monnaie électronique et de gestion saine et prudente ;
- a communiqué des déclarations inexactes lors de sa demande d'agrément ou d'autorisation ou a fourni de fausses informations dans le cadre de ses rapports avec les Autorités de supervision ;
- a décidé de sa dissolution ou de transférer son siège social hors de l'UEMOA ou a fait l'objet d'une fusion ou de toute autre opération ayant pour résultat la délocalisation du siège social dans un État hors de l'Union.

Le retrait de l'agrément ou de l'autorisation est prononcé, par le Gouverneur de la Banque Centrale, dans les mêmes formes que l'octroi de l'agrément.

La Banque centrale peut décider que le retrait de l'agrément en qualité d'établissement de monnaie électronique ou de l'autorisation d'exercice d'activités de monnaie électronique s'étende automatiquement aux filiales, compte tenu de leurs liens financiers et juridiques particuliers et des conséquences qui peuvent en découler.

Le cas échéant, la filiale doit solliciter un agrément auprès de la Banque Centrale, dans les trois mois suivant la notification du retrait d'agrément de la société-mère.

La Décision de retrait de l'agrément ou de l'autorisation fixe la date à partir de laquelle l'établissement émetteur doit cesser toute activité d'émission et de distribution de monnaie électronique et procéder au remboursement des détenteurs des unités de monnaie électronique non utilisées, dans les conditions prévues à l'article 35 de l'Instruction n° 008-05-2015[147].

Les opérations en cours peuvent être poursuivies jusqu'à leur terme et dans la limite du délai fixé dans la Décision de retrait de l'agrément ou de l'autorisation.

Le retrait de l'agrément ou de l'autorisation est constaté par la radiation de l'établissement concerné de la liste des établissements émetteurs, tenue par la BCEAO.

L'établissement est tenu de publier la Décision de retrait de son agrément ou de son autorisation dans un journal d'annonces légales de chaque État dans lequel il exerce ses activités.

La Banque Centrale informe du retrait de l'agrément ou de l'autorisation, le ministre chargé des finances de l'État dans lequel le bénéficiaire exerce ses activités.

Paragraphe 4 : Mesures administratives

Lorsque la Banque Centrale constate qu'un établissement de monnaie électronique a manqué aux règles de bonne

---

[147] Article 35 : Conditions et modalités de remboursement

Le détenteur de la monnaie électronique peut, à tout moment, exiger de l'établissement émetteur ou de son distributeur, le remboursement des unités de monnaie électronique non utilisées, dans les conditions prévues par le contrat visé à l'article 29 ci-dessus, à la valeur nominale en FCFA des unités de monnaie électronique.

Le contrat conclu entre l'établissement émetteur et le porteur doit établir les conditions, les frais et le délai de remboursement des unités de monnaie électronique non utilisées, qui ne peut excéder trois jours ouvrés.

Les remboursements prévus aux alinéas 1 et 2 du présent article s'effectuent en FCFA, en espèces, par chèque ou par virement sur un compte, selon la préférence exprimée par le détenteur.

Lorsque le remboursement est effectué par un distributeur, l'établissement émetteur assume l'entière responsabilité du bon déroulement de l'opération.

conduite ou de déontologie de la profession, compromis son équilibre financier, pratique une gestion anormale sur le territoire d'un État membre, n'a pas respecté les engagements pris à l'occasion de la demande d'agrément, ne remplit plus les conditions requises pour l'agrément ou n'a pas communiqué, à bonne date, les informations exigées, elle peut lui adresser soit :

- une mise en garde ;
- une injonction à l'effet de prendre, dans un délai déterminé, les mesures appropriées pour se conformer à la réglementation ou pour renforcer sa situation financière.

L'établissement de monnaie électronique qui n'a pas déféré à cette injonction, est réputé avoir enfreint les dispositions de l'Instruction n° 008-05-2015.

Au titre des mesures conservatoires, la Banque Centrale peut prendre toutes dispositions visant le respect de ses injonctions.

A cet égard, elle peut convoquer, pour audition, les dirigeants d'un établissement pour apprécier les dispositions adoptées ou projetées en vue de déférer à une injonction ou lorsque l'établissement est en difficulté, à l'effet de connaitre les mesures prises ou envisagées pour assurer son redressement. Elle peut, également, mettre l'établissement concerné sous une surveillance rapprochée, en vue de s'assurer de la mise en œuvre de ses injonctions ou de ses recommandations.

Paragraphe 5 : Sanctions

Lorsqu'elle constate un manquement aux dispositions de l'Instruction n°008-05-2015, la BCEAO prend les sanctions suivantes à l'encontre de l'établissement de monnaie électronique :

- l'avertissement ;
- la suspension ou l'interdiction de tout ou partie des opérations ;
- toutes autres limitations dans l'exercice de l'activité ;
- le retrait de l'agrément ou de l'autorisation d'émettre de la monnaie électronique.

La BCEAO peut prononcer, en plus des sanctions susmentionnées, une sanction pécuniaire à l'encontre de l'établissement de monnaie électronique, d'un montant au plus égal à vingt-cinq pour cent du capital social minimum requis. L'établissement concerné s'acquitte de la somme due par émission d'un ordre de virement bancaire ou d'un chèque bancaire en faveur de la Banque Centrale, dans les trente jours calendaires suivant la notification de la sanction.

La somme correspondante est recouvrée par la Banque Centrale pour le compte du Trésor public de l'État dans lequel est domicilié l'établissement concerné.

En cas de non-paiement du montant dû au titre de la sanction pécuniaire susvisée, la Banque Centrale se réserve le droit de retirer l'agrément ou l'autorisation conformément aux dispositions de l'article 38 de l'Instruction n° 008-05-2015 à l'encontre de l'établissement concerné.

SECTION 4 : SOUMISSION DES INSTITUTIONS FINANCIÈRES À LA LOI SUR LE BLANCHIMENT DE CAPITAUX ET LE FINANCEMENT DU TERRORISME

Les établissements de monnaie électronique sont soumis à la règlementation en vigueur en matière de lutte contre le blanchiment des capitaux et le financement du terrorisme[148]. En effet, ils supportent les mêmes obligations que les autres

[148] Art. 26 de l'Instruction n° 008-05-2015 précitée.

institutions financières[149] dans la lutte contre le blanchiment des capitaux et le financement du terrorisme[150].

---

[149] Aux termes des dispositions de l'article 1 – 35 de la loi uniforme relative à la lutte contre le blanchiment de capitaux et le financement du terrorisme dans les Etats membres de l'UMOA, sont désignés sous le nom d'institutions financières :
– les établissements de crédit ;
– les services financiers des postes, ainsi que les caisses de dépôts et consignations ou les organismes qui en tiennent lieu, des Etats membres ;
– les sociétés d'assurance et de réassurance, les courtiers en assurance et de réassurance et les agents généraux d'assurance ;
– les systèmes financiers décentralisés ;
– les structures centrales du Marché Financier Régional (BRVM, Dépositaire
Central/Banque de Règlement) ainsi que les Sociétés de Gestion et d'Intermédiation, les Sociétés de Gestion de Patrimoine et tous autres intervenants commerciaux ayant le statut d'institution financière, au sens des textes régissant le Marché Financier Régional ;
– les Organismes de Placement Collectif en Valeurs Mobilières ;
– les Entreprises d'Investissement à Capital Fixe ;
– les Agréés de change manuel ;
– les Etablissements de Monnaie Electronique ;
– toute autre structure déterminée par l'autorité compétente.

[150] A noter que les personnes morales et physiques qui exercent une activité financière, à titre occasionnel ou à une échelle limitée comportant peu de risques de blanchiment de capitaux ou de financement du terrorisme ne relèvent pas de la présente loi, sous réserve de satisfaire à l'ensemble des critères suivants :
– l'activité financière est limitée en termes absolus ;
– l'activité financière est limitée au niveau des transactions ;
– l'activité financière n'est pas l'activité principale ;
– l'activité financière est accessoire et directement liée à l'activité principale ;
– l'activité financière est exercée pour les seuls clients de l'activité principale et n'est généralement pas offerte au public.
cf. art. 6 de la loi uniforme relative à la lutte contre le blanchiment de capitaux et le financement du terrorisme dans les Etats membres de l'UMOA.

Définition des notions.

Le blanchiment de capitaux : Sont considérés comme blanchiment de capitaux[151], les agissements énumérés, ci-après, commis intentionnellement :

a) la conversion ou le transfert de biens, par toute personne qui sait ou aurait dû savoir que ces biens proviennent d'un crime ou délit ou d'une participation à un crime ou délit, dans le but de dissimuler ou de déguiser l'origine illicite desdits biens, ou d'aider toute personne impliquée dans cette activité à échapper aux conséquences juridiques de ses actes ;

b) la dissimulation ou le déguisement de la nature, de l'origine, de l'emplacement de la disposition, du mouvement ou de la propriété réels de biens ou des droits y relatifs, par toute personne qui sait ou aurait dû savoir que ces biens proviennent d'un crime ou délit ou d'une participation à un crime ou délit ;

c) l'acquisition, la détention ou l'utilisation de biens, dont celui qui s'y livre, sait ou aurait dû savoir, au moment où il les réceptionne que ces biens proviennent d'un crime ou délit ou d'une participation à un crime ou délit ;

d) la participation à l'un des actes visés aux points a), b) et c), le fait de s'associer pour le commettre, de tenter de le commettre, d'aider ou d'inciter quelqu'un à le commettre ou de le conseiller, à cet effet, ou de faciliter l'exécution d'un tel acte.

Il y a blanchiment de capitaux, même si cet acte est commis par l'auteur de l'infraction ayant procuré les biens à blanchir. Il y a également blanchiment de capitaux, même si les activités qui sont à l'origine des biens à blanchir sont

---

[151] Art. 1 et 7 de la loi uniforme relative à la lutte contre le blanchiment de capitaux et le financement du terrorisme dans les Etats membres de l'UMOA.

exercées sur le territoire d'un autre État membre ou celui d'un État tiers.

La connaissance ou l'intention, en tant qu'éléments des activités susmentionnées, peuvent être déduites de circonstances factuelles objectives.

Le financement du terrorisme : Aux termes des dispositions de l'article 8 de la loi uniforme relative à la lutte contre le blanchiment de capitaux et le financement du terrorisme dans les États membres de l'UMOA, on entend par financement du terrorisme, tout acte commis par une personne physique ou morale qui, par quelque moyen que ce soit, directement ou indirectement, a délibérément fourni ou réuni des biens, fonds et autres ressources financières dans l'intention de les utiliser ou sachant qu'ils seront utilisés, en tout ou partie, en vue de la commission :

a) d'un ou de plusieurs actes terroristes ;

b) d'un ou de plusieurs actes terroristes par une organisation terroriste ;

c) d'un ou de plusieurs actes terroristes, par un terroriste ou un groupe de terroristes.

La commission d'un ou de plusieurs de ces actes constitue une infraction.

La tentative de commettre une infraction de financement du terrorisme ou le fait d'aider, d'inciter ou d'assister quelqu'un en vue de la commettre, ou le fait d'en faciliter l'exécution, constitue également une infraction de financement du terrorisme. L'infraction est commise, que l'acte visé à l'article 8 se produise ou non, ou que les biens aient ou non été utilisés pour commettre cet acte. L'infraction est commise également par toute personne physique ou morale qui participe en tant que complice, organise ou incite d'autres à commettre les actes susvisés.

La connaissance ou l'intention, en tant qu'éléments des activités susmentionnées, peuvent être déduites de circonstances factuelles objectives.

Refus de toute justification : Nulle considération de nature politique, philosophique, idéologique, raciale, ethnique, religieuse ni aucun autre motif ne peut être pris en compte pour justifier la commission de l'une de ces infractions[152].

Obligations des établissements émetteurs de monnaie électronique

Dans sa volonté de lutter contre le blanchiment de capitaux et le financement du terrorisme, le droit UMOA fait supporter, principalement, deux obligations aux établissements émetteurs de monnaie électronique et, de manière générale, aux institutions financières.

Paragraphe 1 : L'obligation de vigilance

Avant d'entrer en relation d'affaires avec un client ou de l'assister dans la préparation ou la réalisation d'une transaction, les institutions financières identifient le client et, le cas échéant, le bénéficiaire effectif de la relation d'affaires par des moyens adaptés et vérifient ces éléments d'identification sur présentation de tout document écrit fiable.

Pendant toute la durée de la relation d'affaires, ces personnes recueillent, mettent à jour et analysent les éléments d'information, parmi ceux figurant sur une liste dressée, à cet effet, par l'autorité compétente, qui permettent de favoriser une connaissance appropriée de leur client.

---

[152] Art. 9 de la loi uniforme relative à la lutte contre le blanchiment de capitaux et le financement du terrorisme dans les Etats membres de l'UMOA.

A. La manifestation de l'obligation de vigilance

Les institutions financières supportent principalement deux obligations de vigilance. Une qui est générale et, une autre, plus spécifique aux virements électroniques.

1. L'obligation générale de vigilance des institutions financières

Formation et information du personnel. Les institutions financières assurent la formation et l'information régulière de leurs personnels en vue du respect des obligations prévues aux chapitres II et III du Titre II de la loi uniforme relative à la lutte contre le blanchiment de capitaux et le financement du terrorisme dans les États membres de l'UMOA.

Mise en place de programmes de prévention du blanchiment de capitaux et du financement du terrorisme. Les institutions financières doivent élaborer et mettre en œuvre des programmes harmonisés de prévention du blanchiment de capitaux et du financement du terrorisme. Ces programmes comprennent notamment :

✓ la centralisation des informations sur l'identité des clients, des donneurs d'ordre, des bénéficiaires effectifs, des bénéficiaires et titulaires de procuration, des mandataires et sur les transactions suspectes ;

✓ la désignation de responsable de conformité, au niveau de la Direction, chargé de l'application du dispositif de lutte contre le blanchiment de capitaux et le financement du terrorisme ;

✓ la formation continue du personnel destinée à les aider à détecter les opérations et les agissements susceptibles d'être liés au blanchiment de capitaux et au financement du terrorisme ;

✓ un dispositif de contrôle interne pour vérifier la conformité, l'observance et l'efficacité des mesures adoptées pour l'application de la présente loi ;

✓ le traitement des transactions suspectes.

En cas de besoin, les autorités de contrôle peuvent, dans leurs domaines de compétences respectifs, préciser le contenu et les modalités d'application des programmes de prévention du blanchiment de capitaux et du financement du terrorisme. Elles effectueront, le cas échéant, des investigations sur place afin de vérifier la bonne application desdits programmes.

Pour la mise en œuvre des programmes harmonisés de prévention, les institutions financières :

1. élaborent une classification des risques de blanchiment des capitaux et de financement du terrorisme présentés par leurs activités, selon le degré d'exposition à ces risques apprécié en fonction notamment de la nature des produits ou des services offerts, des conditions des transactions proposées, des canaux de distribution utilisés ainsi que des caractéristiques des clients ;

2. déterminent, si besoin est, un profil de la relation d'affaires avec le client, permettant de détecter des anomalies dans cette relation, au regard des risques de blanchiment de capitaux ou de financement du terrorisme ;

3. définissent les procédures à appliquer pour le contrôle des risques, la mise en œuvre des mesures de vigilance relatives à la clientèle, la conservation des pièces, la détection des transactions inhabituelles ou suspectes et le respect de l'obligation de déclaration de soupçon à la CENTIF ;

4. mettent en œuvre des procédures de contrôle, périodique et permanent, des risques de blanchiment de capitaux et de financement du terrorisme ;

5. prennent en compte, pour le recrutement de leur personnel, selon le niveau des responsabilités à exercer, les risques au regard de la lutte contre le blanchiment de capitaux et le financement du terrorisme.

Les modalités de mise en œuvre des procédures et des mesures de contrôle interne visées aux points 3 et 4 ci-dessus, seront précisées par les autorités de contrôle, chacune en ce qui la concerne.

Les institutions financières appliquent des mesures au moins équivalentes en matière de vigilance à l'égard du client et de conservation des informations dans leurs succursales situées à l'étranger. Elles veillent à ce que des mesures équivalentes soient appliquées dans leurs filiales situées à l'étranger[153].

Lorsque le droit applicable localement ne leur permet pas de mettre en œuvre des mesures équivalentes dans leurs succursales et filiales à l'étranger, les institutions financières en informent la CENTIF et l'autorité de surveillance et de contrôle dont elles relèvent.

Les institutions financières communiquent les mesures minimales appropriées en matière de lutte contre le blanchiment de capitaux et le financement du terrorisme à leurs succursales et filiales situées à l'étranger.

2. La vérification des virements électroniques

Les institutions financières qui effectuent des virements électroniques sont tenues d'obtenir et de vérifier, concernant le donneur d'ordre, son nom complet et son numéro de compte. Lorsqu'un tel compte est utilisé pour effectuer le

[153] Art. 91 de la loi uniforme relative à la lutte contre le blanchiment de capitaux et le financement du terrorisme dans les Etats membres de l'UMOA.

virement de fonds, son adresse ou, en l'absence d'adresse, son numéro d'identification nationale ou le lieu et la date de sa naissance ainsi que, si nécessaire, le nom de son institution financière. L'institution financière du donneur d'ordre requiert également le nom du bénéficiaire et le numéro de compte de ce dernier, lorsqu'un tel compte est utilisé pour effectuer le virement de fonds[154].

Toutes ces informations doivent figurer dans le message ou le formulaire de paiement qui accompagne le virement. S'il n'existe pas de numéro de compte, un numéro de référence unique doit accompagner le virement.

Ces différentes obligations ne s'appliquent pas aux virements de fonds effectués au moyen d'une carte de crédit ou de débit ou d'un téléphone portable, si la carte ou le téléphone sert à payer des biens ou des services et si le numéro de la carte ou du téléphone accompagne, tous les virements découlant de la transaction. Elles ne s'appliquent pas également aux transferts pour lesquels le donneur d'ordre et le bénéficiaire sont tous deux des institutions financières agissant pour leur compte, ni aux virements effectués au profit d'autorités publiques, pour le paiement d'impôts, d'amendes ou d'autres prélèvements.

Si les institutions financières reçoivent des virements électroniques qui ne contiennent pas d'informations complètes sur le donneur d'ordre, elles prennent des dispositions pour obtenir de l'institution émettrice ou du bénéficiaire les informations manquantes en vue de les compléter et de les vérifier. Au cas où elles n'obtiendraient pas ces informations, elles s'abstiennent d'exécuter le transfert et en informent la CENTIF.

---

[154] Art. 33 de la loi uniforme relative à la lutte contre le blanchiment de capitaux et le financement du terrorisme dans les Etats membres de l'UMOA.

Conservation des pièces et documents par les institutions financières. Sans préjudice des dispositions prescrivant des obligations plus contraignantes, les institutions financières conservent pendant une durée de dix ans, à compter de la clôture de leurs comptes ou de la cessation de leurs relations avec leurs clients habituels ou occasionnels, les pièces et documents relatifs à leur identité. Elles conservent également les pièces et documents relatifs aux opérations qu'ils ont effectuées, y compris les livres de comptes et les correspondances commerciales, pendant dix ans, après l'exécution de l'opération.

Les pièces et documents relatifs aux obligations d'identification et dont la conservation est exigée, sont communiqués, sur leur demande, par les institutions financières, aux autorités judiciaires, aux agents de l'État chargés de la détection des infractions de blanchiment de capitaux et de financement de terrorisme, agissant dans le cadre d'un mandat judiciaire, aux autorités de contrôle ainsi qu'à la CENTIF.

B. Les atténuations apportées à l'obligation de vigilance

Certaines atténuations sont apportées par la loi à l'obligation de vigilance. Ces atténuations tiennent à la qualité de la personne ou à la nature des produits.

1. Les atténuations apportées pour certaines personnes

Lorsque le risque de blanchiment de capitaux et de financement du terrorisme est faible, les institutions financières peuvent réduire l'intensité des mesures prévues pour l'exécution de leur obligation de vigilance constante sur la relation d'affaires. Dans ce cas, elles justifient auprès de l'autorité de contrôle dont elles relèvent que l'étendue des mesures est appropriée à ces risques. Elles ne sont pas soumises aux obligations de vigilance prévues aux articles 19 et 20 de la loi uniforme relative à la lutte contre le blanchiment de capitaux et le financement du terrorisme dans les États membres de l'UMOA[155], pour autant qu'il n'existe pas de soupçons de blanchiment de capitaux ou de financement du terrorisme, dans les cas suivants :

✓ pour les clients et les produits qui présentent un faible risque de blanchiment de capitaux ou de financement du terrorisme, dont la liste est établie et conservée par l'assujetti ;

✓ pour le client ou, le cas échéant, le bénéficiaire effectif de la relation d'affaires, lorsqu'il est, soit :

• une institution financière, établie ou ayant son siège au Sénégal, dans un autre État membre ou dans un État tiers imposant des obligations équivalentes de lutte contre le blanchiment de capitaux et le financement du terrorisme. La liste de ces pays est arrêtée par le ministre chargé des Finances ;

• une société cotée dont les titres sont admis à la négociation sur au moins un marché réglementé au Sénégal ou dans un État membre ou dans un État tiers imposant des exigences de publicité compatibles avec la législation en vigueur ;

• une autorité publique ou un organisme public, désigné comme tel en vertu des Traités de l'UMOA et de l'UEMOA, du droit communautaire dérivé, du droit public d'un État membre ou de tout autre engagement international contracté par le Sénégal, et qu'il satisfait aux trois critères suivants : i)

---

155 Respectivement Obligation de vigilance constante sur la relation d'affaires et Obligation de vigilance constante sur toutes les opérations de la clientèle.

son identité est accessible au public, transparente et certaine ; ii) ses activités, ainsi que ses pratiques comptables sont transparentes ; iii) il est soit responsable devant une institution communautaire ou devant les autorités d'un État membre, soit soumis à des procédures appropriées de contrôle de son activité ;

• le bénéficiaire effectif des sommes déposées sur les comptes détenus pour le compte de tiers par les notaires, les huissiers de justice ou les membres d'une autre profession juridique indépendante établis au Sénégal ou dans un État membre ou dans un État tiers imposant des obligations équivalentes en matière de lutte contre le blanchiment de capitaux et le financement du terrorisme, pour autant que les informations relatives à l'identité du bénéficiaire effectif soient mises à la disposition des établissements agissant en qualité de dépositaires pour ces comptes, lorsqu'ils en font la demande.

Par dérogation à l'alinéa premier de l'article 18 de la de la loi uniforme relative à la lutte contre le blanchiment de capitaux et le financement du terrorisme dans les États membres de l'UMOA[156], lorsque le risque de blanchiment de capitaux et de financement du terrorisme est faible, les institutions financières peuvent, lorsqu'elles effectuent des prestations de services de paiement en ligne, dans les conditions et pour les catégories d'entre elles fixées par la réglementation en vigueur, pour autant qu'il n'existe pas de soupçons de blanchiment de capitaux ou de financement du terrorisme, ne pas vérifier l'identité de leur client et, le cas échéant, du bénéficiaire effectif de la relation d'affaires.

---

[156] « Avant d'entrer en relation d'affaires avec un client ou de l'assister dans la préparation ou la réalisation d'une transaction, (les institutions financières) identifient le client et, le cas échéant, le bénéficiaire effectif de la relation d'affaires par des moyens adaptés et vérifient ces éléments d'identification sur présentation de tout document écrit fiable ».

2. L'allègement de l'obligation de vigilance à l'égard de certains produits

Les institutions financières ne sont pas soumises aux obligations de vigilance, pour autant qu'il n'existe pas de soupçons de blanchiment de capitaux ou de financement du terrorisme, lorsque l'opération porte par exemple sur la monnaie électronique ayant vocation à être utilisée uniquement pour l'acquisition de biens ou de services. Toutefois, dès qu'une demande de remboursement porte sur un montant unitaire ou sur un montant global d'au moins six cent mille francs CFA au cours de la même année civile, elles sont tenues de respecter les obligations de vigilance prévues aux articles 18 et 19 de la loi uniforme relative à la lutte contre le blanchiment de capitaux et le financement du terrorisme dans les États membres de l'UMOA[157].

Les institutions financières peuvent, pour autant qu'il n'existe pas de soupçon de blanchiment de capitaux ou de financement du terrorisme, ne pas vérifier l'identité de leur client et, le cas échéant, du bénéficiaire effectif de la relation d'affaires, lorsqu'elles effectuent des prestations de services de paiement en ligne qui satisfont à chacune des conditions suivantes :

1° les fonds reçus du client proviennent d'un compte ouvert à son nom auprès d'une autre institution financière établie ou ayant son siège au Sénégal, dans un État membre ou dans un État tiers imposant des obligations équivalentes en matière de lutte contre le blanchiment de capitaux ou de financement des activités terroristes ;

2° les fonds sont à destination d'un compte ouvert au nom d'un bénéficiaire auprès d'une autre institution financière

---

[157] Art. 47 de la loi uniforme relative à la lutte contre le blanchiment de capitaux et le financement du terrorisme dans les Etats membres de l'UMOA.

établie ou ayant son siège au Sénégal, dans un État membre ou dans un État tiers imposant des obligations équivalentes en matière de lutte contre le blanchiment de capitaux ou de financement des activités terroristes ;

3° l'opération ne dépasse pas le montant unitaire de cent cinquante mille francs CFA ;

4° le total des opérations exécutées pour le client au cours des douze mois précédant l'opération ne dépasse pas le montant de un million six cent mille francs CFA.

Recours à des tiers pour mettre en œuvre des obligations de vigilance. Les institutions financières peuvent recourir à des tiers pour l'exécution des obligations de vigilance, sans préjudice de la responsabilité finale du respect desdites obligations qui leur incombe.

Paragraphe 2 : La déclaration des opérations suspectes

Afin de lutter contre le blanchiment de capitaux et le financement du terrorisme, le législateur exige des institutions financières de faire une déclaration de soupçon. Cette déclaration qui, du reste est obligatoire, s'entoure d'un régime de sanction. Par ailleurs, les personnes coupables encourent des sanctions civiles mais aussi pénales.

A. L'obligation de déclarer soupçon

Il sera question ici d'analyser l'étendue de l'obligation mais aussi ses modalités d'exécution. Par ailleurs, il sera donné d'apprécier le régime de responsabilité mise en œuvre par le législateur pour encourager son respect.

1. L'étendue de l'obligation

Les institutions financières sont tenues de déclarer à la CENTIF les sommes inscrites dans leurs livres ou les opérations portant sur des sommes dont elles soupçonnent ou ont de bonnes raisons de soupçonner qu'elles proviennent d'une infraction de blanchiment de capitaux ou de financement du terrorisme. Elles déclarent aussi les sommes ou opérations dont elles soupçonnent ou ont de bonnes raisons de soupçonner qu'elles proviennent d'une fraude fiscale, lorsqu'il y a présence d'au moins un critère défini par la réglementation en vigueur.

Les institutions financières sont également tenues de déclarer à la CENTIF, toute opération pour laquelle l'identité du donneur d'ordre ou du bénéficiaire effectif ou du constituant d'un fonds fiduciaire ou de tout autre instrument de gestion d'un patrimoine d'affectation reste douteuse en dépit des diligences effectuées conformément aux dispositions du chapitre III du titre II de la présente loi.

Toute information de nature à infirmer, conforter ou modifier les éléments contenus dans la déclaration de soupçon est portée, sans délai, à la connaissance de la CENTIF.

Une instruction de la BCEAO peut étendre l'obligation de déclaration visée à l'alinéa premier du présent article, aux opérations pour compte propre ou pour compte de tiers effectuées par les institutions financières avec des personnes physiques ou morales, y compris leurs filiales ou établissements, domiciliées, enregistrées ou établies dans l'ensemble des États ou territoires dont les insuffisances de la législation ou les pratiques font obstacle à la lutte contre le blanchiment de capitaux et le financement du terrorisme. Cette instruction de la BCEAO fixe les modalités et le montant minimum des opérations soumises à déclaration.

Les institutions financières déclarent à la CENTIF les éléments d'information relatifs aux opérations de transmission de fonds effectuées à partir du versement d'espèces ou au moyen de monnaie électronique. Une instruction de la BCEAO précise le seuil à partir duquel est requise une déclaration auprès de la CENTIF ainsi que les conditions et modalités de ladite déclaration. Elles s'abstiennent d'effectuer toute opération sur des fonds en leur possession dont elles soupçonnent qu'ils sont liés au blanchiment de capitaux ou au financement du terrorisme jusqu'à ce qu'elles fassent la déclaration de soupçon. Elles ne peuvent alors procéder à la réalisation de l'opération que si les conditions prévues à l'alinéa 3 de l'article 68 de la loi uniforme sont réunies. En effet, lorsque les circonstances l'exigent, la CENTIF peut, sur la base d'informations graves, concordantes et fiables en sa possession, faire opposition à l'exécution de l'opération ayant fait l'objet d'une déclaration de soupçon avant l'expiration du délai d'exécution mentionné par le déclarant. Cette opposition est notifiée à ce dernier par écrit et fait obstacle à l'exécution de l'opération pendant une durée qui ne peut excéder quarante-huit heures. Le juge d'instruction peut, sur requête de la CENTIF, proroger le délai d'opposition sans que ce délai ne dépasse vingt-quatre heures ou ordonner le séquestre provisoire des fonds, comptes ou titres concernés par la déclaration de soupçon. Il peut présenter une requête ayant le même objet. À défaut d'opposition ou si, au terme du délai de quarante-huit heures, aucune décision du juge d'instruction n'est parvenue à l'auteur de la déclaration, l'opération qui a fait l'objet de déclaration de soupçon peut être exécutée[158].

[158] Art. 68 de la loi uniforme relative à la lutte contre le blanchiment de capitaux et le financement du terrorisme dans les Etats membres de l'UMOA. A défaut de poursuite judiciaire contre le donneur d'ordre dans un délai de quinze jours, à compter de la date de l'ordonnance de séquestre provisoire, celle-ci devient caduque.

Lorsqu'une opération devant faire l'objet de la déclaration de soupçon a déjà été réalisée, soit parce qu'il a été impossible de surseoir à son exécution, soit que son report aurait pu faire obstacle à des investigations portant sur une opération suspectée de blanchiment de capitaux ou de financement du terrorisme, soit qu'il est apparu postérieurement à sa réalisation qu'elle était soumise à cette déclaration, la personne assujettie en informe, sans délai, la CENTIF.

2. Les modalités de la déclaration

Les déclarations de soupçons sont établies par écrit. Les déclarations faites téléphoniquement ou par moyen électronique doivent être confirmées par écrit dans un délai de quarante-huit heures.

Les déclarations précisent, notamment, suivant le cas :

✓ les raisons pour lesquelles l'opération a déjà été exécutée ou est en cours d'exécution ;

✓ le délai dans lequel l'opération suspecte doit être exécutée.

La CENTIF accuse réception de la déclaration de soupçon, sauf si l'entité déclarante a indiqué expressément ne pas vouloir en être destinataire.

La déclaration de soupçon mentionnée est confidentielle. Il est interdit, sous peine de sanctions, aux institutions financières, de porter à la connaissance du propriétaire des sommes ou de l'auteur de l'une des opérations induisant une déclaration de soupçon ou à des tiers, autres que les autorités de contrôle, ordres professionnels et instances représentatives nationales, l'existence et le contenu d'une déclaration faite auprès de la CENTIF et de donner des informations sur les suites qui ont été réservées à ladite déclaration[159].

La notion de divulgation est cependant d'un contenu limité. Les dirigeants et préposés des institutions financières peuvent révéler à l'autorité judiciaire ou aux officiers de police judiciaire agissant sur délégation que des informations ont été transmises à la CENTIF en application des dispositions de l'article 79 de la loi uniforme relative à la lutte contre le blanchiment de capitaux et le financement du terrorisme dans les États membres de l'UMOA. Dans ce cas, l'autorité judiciaire ou les officiers de police judiciaire peuvent demander confirmation à la CENTIF de l'existence de ladite déclaration.

La déclaration de soupçon n'est accessible à l'autorité judiciaire que sur réquisition auprès de la CENTIF et dans les seuls cas où cette déclaration est nécessaire à la mise en œuvre de la responsabilité des institutions, de leurs dirigeants et préposés et lorsque l'enquête judiciaire fait apparaître qu'ils peuvent être impliqués dans le mécanisme de blanchiment de capitaux ou de financement du terrorisme qu'ils ont révélé.

3. Le régime protecteur de responsabilité pour le déclarant

Pour encourager les institutions financières à procéder à la déclaration de soupçon, il leur est appliqué une exemption de responsabilité. En effet, lorsqu'elles agissent conformément à la loi, c'est la responsabilité de l'État qui sera engagée.

---

[159] Art. 82 de la loi uniforme relative à la lutte contre le blanchiment de capitaux et le financement du terrorisme dans les Etats membres de l'UMOA.

a) Exemption de responsabilité des institutions financières

La déclaration de soupçons n'entraine pas une responsabilité lorsqu'elle est faite de bonne foi ou pour certaines opérations.

- **Exemption de responsabilité du fait des déclarations de soupçons faites de bonne foi**

Les personnes ou les dirigeants et préposés des institutions financières qui, de bonne foi, ont transmis des informations ou effectué toute déclaration conformément à la loi uniforme relative à la lutte contre le blanchiment de capitaux et le financement du terrorisme dans les États membres de l'UMOA sont exempts de toutes sanctions pour violation du secret professionnel[160]. Aucune action en responsabilité civile ou pénale ne peut être intentée, ni aucune sanction professionnelle prononcée contre les personnes ou les dirigeants, préposés et employés des institutions financières, ayant agi dans les mêmes conditions, même si des décisions de justice rendues sur la base de leurs déclarations n'ont donné lieu à aucune condamnation.

En outre, aucune action en responsabilité civile ou pénale ne peut être intentée contre les personnes ou les dirigeants et préposés des institutions financières en raison des dommages matériels ou moraux qui pourraient résulter du blocage d'une opération en vertu des dispositions de l'article 68 de la loi relative à la lutte contre le blanchiment de capitaux et le financement du terrorisme. En effet, lorsque les circonstances l'exigent, la CENTIF peut, sur la base d'informations graves, concordantes et fiables en sa possession, faire opposition à l'exécution de l'opération ayant fait l'objet d'une déclaration de soupçon avant

---

[160] Art. 83 de la loi uniforme relative à la lutte contre le blanchiment de capitaux et le financement du terrorisme dans les Etats membres de l'UMOA.

l'expiration du délai d'exécution mentionné par le déclarant. Cette opposition est notifiée à ce dernier par écrit et fait obstacle à l'exécution de l'opération pendant une durée qui ne peut excéder quarante-huit heures.

L'exemption de responsabilité s'applique de plein droit, même si la preuve du caractère délictueux des faits à l'origine de la déclaration de soupçon n'est pas rapportée ou si ces faits ont été amnistiés ou ont entraîné une décision de non-lieu, de relaxe ou d'acquittement.

➢ **Exemption de responsabilité du fait de l'exécution de certaines opérations**

Lorsqu'une opération suspecte a été exécutée, et sauf cas de collusion frauduleuse avec le ou les auteurs du blanchiment de capitaux ou du financement du terrorisme, les institutions financières ainsi que leurs dirigeants, préposés ou employés sont dégagés de toute responsabilité et aucune poursuite pénale du chef de blanchiment de capitaux ou de financement du terrorisme ne peut être engagée à leur encontre, si la déclaration de soupçon a été faite conformément aux dispositions de la loi uniforme relative à la lutte contre le blanchiment de capitaux et le financement du terrorisme dans les États membres de l'UMOA. Il en est de même lorsque l'une de ces personnes, a effectué une opération, à la demande des services d'enquêtes agissant dans les conditions prévues par la loi.

b) Mise en jeu de la responsabilité de l'État du fait des déclarations de soupçons faites

La responsabilité de tout dommage causé aux personnes et découlant directement d'une déclaration de soupçon faite de bonne foi, qui s'est néanmoins avérée inexacte, incombe à l'État.

La responsabilité de l'État est également mise en jeu, lorsqu'une institution financière a effectué une opération à la demande des autorités judiciaires, des agents de l'État chargés de la détection et de la répression des infractions liées au blanchiment de capitaux et au financement du terrorisme, agissant dans le cadre d'un mandat judiciaire ou de la CENTIF.

B. Les sanctions

La loi sur le blanchiment de capitaux et le financement du terrorisme installe deux régimes de sanctions pour les acteurs.

1. La responsabilité des acteurs pour blanchiment de capitaux

Pour lutter efficacement contre le terrorisme, des mesures de sanctions sont aménagées pour punir le financeur et les institutions financières.

a) La sanction du financeur

Dans le cadre de la lutte contre le blanchiment de capitaux et le financement du terrorisme, l'auteur du financement encourt la suspension de son ordre de virement[161] mais aussi des sanctions pénales.

---

[161] A noter que le juge d'instruction peut, conformément à la loi, prescrire des mesures conservatoires qui ordonnent notamment, aux frais de l'Etat, la saisie ou la confiscation des fonds et des biens en relation avec l'infraction de blanchiment de capitaux ou de financement du terrorisme, objet de l'enquête et de tous les éléments de nature à permettre de les identifier ainsi que le gel des sommes d'argent et opérations financières portant sur lesdits biens. (art. 99 de la loi uniforme relative à la lutte contre le blanchiment de capitaux et le financement du terrorisme dans les Etats membres de l'UMOA).

2. La suspension de l'ordre de virement

Aux termes des dispositions de l'article 100 de la loi uniforme relative à la lutte contre le blanchiment de capitaux et le financement du terrorisme dans les États membres de l'UMOA, les personnes ou entités auteurs de financement du terrorisme connaissent, de la part de l'autorité compétente, un gel de leurs biens, fonds et autres ressources financières[162]. Cette décision administrative[163] génère des obligations à la charge des institutions financières.

Les institutions financières et toute autre personne ou entité qui détiennent les biens, fonds ou autres ressources financières des personnes ou entités auteurs de financement du terrorisme, procèdent immédiatement, sans notification préalable aux titulaires, à leur gel, dès notification de ladite décision jusqu'à ce qu'il en soit autrement décidé par le Conseil de Sécurité des Nations Unies ou par une autre décision prise selon la même procédure.

Les institutions financières et autres personnes assujetties avertissent sans tarder la CENTIF de l'existence de fonds

---

[162] Toute décision de gel ou de déblocage de fonds ou autres ressources financières doit être portée à la connaissance du public, notamment par sa publication au Journal Officiel ou dans un Journal d'annonces légales. L'autorité compétente s'assure également de la publication des procédures à suivre par toute personne physique ou morale inscrite sur la liste des personnes, entités ou organismes visés, pour obtenir le retrait de cette inscription et, le cas échéant, le déblocage des fonds lui appartenant.

[163] Il appartient à l'autorité, dans sa décision, de définir les conditions ainsi que la durée applicables au gel desdits fonds. cf. art. 100 de la loi uniforme relative à la lutte contre le blanchiment de capitaux et le financement du terrorisme dans les Etats membres de l'UMOA. L'autorité compétente ordonne, en outre, le gel sans délai, des biens, fonds et autres ressources financières des personnes ou entités désignées par le Conseil de sécurité des Nations Unies, au titre des Résolutions relatives à la lutte contre le financement de la prolifération des armes de destruction massive.

appartenant à des personnes ou entités auteurs de financement du terrorisme ou de la prolifération ainsi qu'à des organisations terroristes ou personnes ou organisations qui leur sont associées, conformément aux décisions du Conseil des ministres de l'UEMOA relatives à la liste des personnes, entités ou organismes visés par le gel des fonds et autres ressources financières en particulier, celle établie par le Conseil de Sécurité des Nations Unies et ses mises à jour. Elles déclarent également à l'autorité compétente tous les biens gelés.

Il leur est strictement interdit de mettre directement ou indirectement, les fonds objet de la procédure de gel des fonds à la disposition des personnes physiques ou morales, entités ou organismes visés par le gel des fonds et autres ressources financières, ou de les utiliser à leur bénéfice.

Il est également strictement interdit aux institutions financières et autres personnes assujetties, de fournir ou de continuer de fournir à ces personnes des services, ou de les utiliser à leur bénéfice.

La réalisation ou la participation, sciemment et intentionnellement, à des opérations ayant pour but ou pour effet de contourner, directement ou indirectement, de telles mesures est formellement interdite.

Les fonds ou autres ressources financières dus en vertu de contrats, accords ou obligations conclus ou nés antérieurement à l'entrée en vigueur de la décision de gel de fonds sont prélevés sur les comptes gelés. Les fruits produits par les fonds, instruments et ressources précités ainsi que les intérêts échus sont versés sur lesdits comptes[164].

Les institutions financières qui reçoivent l'ordre d'un client, autre qu'une institution financière, d'exécuter pour

[164] Art. 102 de la loi uniforme relative à la lutte contre le blanchiment de capitaux et le financement du terrorisme dans les Etats membres de l'UMOA.

son compte un virement hors du Sénégal de fonds ou d'instruments financiers au profit d'une personne, d'un organisme ou d'une entité faisant l'objet d'une mesure de gel, suspendent l'exécution de cet ordre et informent, sans délai, l'autorité compétente. Les fonds ou instruments financiers dont le virement a été suspendu sont gelés, sauf si l'autorité compétente en autorise la restitution au client[165].

Les institutions financières qui reçoivent de l'étranger, un ordre de virement de fonds ou d'instruments financiers d'une personne, d'un organisme ou d'une entité faisant l'objet d'une mesure de gel au profit d'un client, autre qu'une institution financière, suspendent l'exécution de cet ordre et informent, sans délai, l'autorité compétente. Les fonds ou instruments dont l'ordre de virement a été suspendu sont gelés, sauf si l'autorité compétente autorise le virement.

L'autorité compétente peut autoriser le paiement ou la restitution des fonds, instruments financiers ou autres ressources économiques faisant l'objet d'une mesure de gel, à une personne non visée par une telle mesure qui lui en fait la demande, si cette personne est titulaire sur ces fonds, instruments financiers ou autres ressources économiques d'un droit acquis avant la mesure de gel ou si une décision juridictionnelle devenue définitive lui accorde un tel droit, à la suite d'une procédure juridictionnelle engagée avant que cette mesure ait été prononcée.

Par ailleurs, toute personne physique ou morale dont les fonds et autres ressources financières ont été gelés, qui estime que la décision de gel résulte d'une erreur, peut former un recours contre cette décision dans un délai d'un mois, à compter de la date de publication au Journal officiel ou dans un journal d'annonces légales. Le recours est

---

165 Art. 104 de la loi uniforme relative à la lutte contre le blanchiment de capitaux et le financement du terrorisme dans les Etats membres de l'UMOA.

introduit auprès de l'autorité compétente qui a ordonné le gel, en indiquant tous les éléments qui peuvent démontrer l'erreur[166].

Toute contestation de décision de gel de fonds et autres ressources financières prise, en application d'une Résolution du Conseil de Sécurité des Nations Unies, doit se conformer à la procédure adéquate prévue dans le cadre des résolutions du Conseil de Sécurité.

3. La sanction pénale

Les personnes physiques coupables d'une infraction de blanchiment de capitaux, sont punies d'un emprisonnement de trois à sept ans et d'une amende égale au triple de la valeur des biens ou des fonds sur lesquels ont porté les opérations de blanchiment. La tentative de blanchiment est punie des mêmes peines[167].

L'entente ou la participation à une association en vue de la commission d'un fait constitutif de blanchiment de capitaux, l'association pour commettre ledit fait, l'aide, l'incitation ou le conseil à une personne physique ou morale, en vue de l'exécuter ou d'en faciliter l'exécution sont punies des mêmes peines.

Les peines, sont portées au double :

1. lorsque l'infraction de blanchiment de capitaux est commise de façon habituelle ou en utilisant les facilités que procure l'exercice d'une activité professionnelle ;

---

[166] Art. 107 de la loi uniforme relative à la lutte contre le blanchiment de capitaux et le financement du terrorisme dans les Etats membres de l'UMOA.

[167] Art. 113 de la loi uniforme relative à la lutte contre le blanchiment de capitaux et le financement du terrorisme dans les Etats membres de l'UMOA.

2. lorsque l'auteur de l'infraction est en état de récidive. Dans ce cas, les condamnations prononcées à l'étranger sont prises en compte pour établir la récidive ;

3. lorsque l'infraction de blanchiment est commise en bande organisée.

Lorsque le crime ou le délit dont proviennent les biens ou les sommes d'argent sur lesquels a porté l'infraction de blanchiment est puni d'une peine privative de liberté d'une durée supérieure à celle de l'emprisonnement de trois à sept ans, le blanchiment est puni des peines attachées à l'infraction d'origine dont son auteur a eu connaissance et, si cette infraction est accompagnée de circonstances aggravantes, des peines attachées aux seules circonstances dont il a eu connaissance.

Les personnes physiques coupables de l'infraction précédemment définie, peuvent également encourir les peines complémentaires suivantes[168] :

1. l'interdiction définitive de séjour sur le territoire national ou pour une durée de un à cinq ans, prononcée contre tout étranger condamné ;

2. l'interdiction de séjour pour une durée de un à cinq ans dans une ou des circonscriptions administratives ;

3. l'interdiction de quitter le territoire national et le retrait du passeport pour une durée de six mois à trois ans ;

4. l'interdiction de l'exercice des droits civils et politiques pour une durée de six mois à trois ans ;

5. l'interdiction de conduire des engins à moteur terrestres, marins et aériens et le retrait des permis ou licences de conduire pour une durée de trois à six ans ;

---

[168] Art. 117 de la loi uniforme relative à la lutte contre le blanchiment de capitaux et le financement du terrorisme dans les Etats membres de l'UMOA.

6. l'interdiction définitive ou pour une durée de trois à six ans d'exercer la profession ou l'activité à l'occasion de laquelle l'infraction a été commise et l'interdiction d'exercer une fonction publique ;

7. l'interdiction d'émettre des chèques autres que ceux qui permettent le retrait de fonds par le tireur auprès du tiré ou ceux qui sont certifiés et l'interdiction d'utiliser des cartes de paiement pendant trois à six ans ;

8. l'interdiction de détenir ou de porter une arme soumise à autorisation pendant trois à six ans ;

9. la confiscation de tout ou partie des biens d'origine licite du condamné.

Nb : Aucune sanction pénale prononcée pour infraction de blanchiment de capitaux ne peut être assortie du sursis.

b) La sanction de l'institution financière

L'institution financière encourt une sanction disciplinaire et une sanction pénale.

4. La sanction disciplinaire

Lorsque, par suite, soit d'un grave défaut de vigilance, soit d'une carence dans l'organisation de ses procédures internes de contrôle, une institution financière, a méconnu les obligations que lui imposent la loi uniforme relative à la lutte contre le blanchiment de capitaux et le financement du terrorisme dans les États membres de l'UMOA, l'autorité de contrôle ayant pouvoir disciplinaire peut agir d'office dans les conditions prévues par les textes législatifs et réglementaires spécifiques en vigueur. Elle en avise en outre la CENTIF ainsi que le Procureur de la République.

5. La sanction pénale

Sont punis d'un emprisonnement de six mois à deux ans et d'une amende de cent mille à un million cinq cent mille francs CFA ou de l'une de ces deux peines seulement, les personnes et dirigeants ou préposés des institutions financières, lorsque ces derniers auront intentionnellement :

1. fait au propriétaire des sommes ou à l'auteur des opérations visées à l'article 7 de la loi uniforme relative à la lutte contre le blanchiment de capitaux et le financement du terrorisme dans les États membres de l'UMOA, des révélations sur la déclaration qu'ils sont tenus de faire ou sur les suites qui lui ont été réservées ;

2. détruit ou soustrait des pièces ou documents relatifs aux obligations d'identification visées aux articles 26 à 31 dont la conservation est prévue par l'article 35 de la loi uniforme relative à la lutte contre le blanchiment de capitaux et le financement du terrorisme dans les États membres de l'UMOA ;

3. réalisé ou tenté de réaliser sous une fausse identité l'une des opérations visées aux articles 32, 33 et 39 à 45 et 53 de la loi uniforme relative à la lutte contre le blanchiment de capitaux et le financement du terrorisme dans les États membres de l'UMOA ;

4. informé par tous moyens la (les) personne(s) visée(s) par l'enquête menée pour les faits de blanchiment de capitaux dont ils auront eu connaissance, en raison de leur profession ou de leurs fonctions ;

5. communiqué aux autorités judiciaires ou aux fonctionnaires compétents pour constater les infractions d'origine et subséquentes des actes et documents visés à l'article 89 de la loi uniforme relative à la lutte contre le blanchiment de capitaux et le financement du terrorisme

dans les États membres de l'UMOA, qu'ils savent falsifiés ou erronés ;

6. communiqué des renseignements ou documents à des personnes autres que celles visées à l'article 36 de la loi uniforme relative à la lutte contre le blanchiment de capitaux et le financement du terrorisme dans les États membres de l'UMOA ;

7. omis de procéder à la déclaration de soupçon, prévue à l'article 79 de ladite loi, alors que les circonstances amenaient à déduire que les sommes d'argent pouvaient provenir d'une infraction de blanchiment de capitaux telle que définie à l'article 7 de la loi uniforme relative à la lutte contre le blanchiment de capitaux et le financement du terrorisme dans les États membres de l'UMOA.

Sont punis d'une amende de cinquante mille à sept cent cinquante mille francs CFA, les personnes et dirigeants ou préposés des institutions financières, lorsque ces derniers auront non intentionnellement :

1. omis de faire la déclaration de soupçon, prévue à l'article 79 de la loi uniforme relative à la lutte contre le blanchiment de capitaux et le financement du terrorisme dans les États membres de l'UMOA ;

2. contrevenu aux dispositions des articles 16, 18 à 40 et 79 de la loi uniforme relative à la lutte contre le blanchiment de capitaux et le financement du terrorisme dans les États membres de l'UMOA.

Dans les mêmes conditions que le déposant, les personnes physiques coupables de l'infraction précédemment définie encourent une sanction pénale complémentaire facultative[169].

---

[169] Art. 117 de la loi uniforme relative à la lutte contre le blanchiment de capitaux et le financement du terrorisme dans les Etats membres de l'UMOA.

Nb : Aucune sanction pénale prononcée pour infraction de blanchiment de capitaux ne peut être assortie du sursis.

6. La responsabilité des acteurs pour financement du terrorisme

Il sera question d'étudier la responsabilité des personnes physiques et celle des institutions financières.

a) Sanctions pénales encourues par les personnes physiques

Les personnes physiques coupables d'une infraction de financement du terrorisme, sont punies d'une peine d'emprisonnement de dix ans au moins et d'une amende égale au moins au quintuple de la valeur des biens ou des fonds sur lesquels ont porté les opérations de financement du terrorisme. La tentative de financement du terrorisme est punie des mêmes peines.

Les peines sont portées au double :

1. lorsque l'infraction de financement du terrorisme est commise de façon habituelle ou en utilisant les facilités que procure l'exercice d'une activité professionnelle ;

2. lorsque l'auteur de l'infraction est en état de récidive. Dans ce cas, les condamnations prononcées à l'étranger sont prises en compte pour établir la récidive ;

3. lorsque l'infraction de financement du terrorisme est commise en bande organisée.

Lorsque le crime ou le délit dont proviennent les biens ou les sommes d'argent sur lesquels a porté l'infraction de financement du terrorisme est puni d'une peine privative de liberté d'une durée supérieure à celle de l'emprisonnement précédemment noté, le financement du terrorisme est puni des peines attachées à l'infraction connexe dont son auteur a eu connaissance et, si cette infraction est accompagnée de circonstances aggravantes, des peines attachées aux seules circonstances dont il a eu connaissance.

Les coupables, peuvent également encourir les peines complémentaires suivantes :

1. l'interdiction définitive du territoire national ou pour une durée de trois à sept ans, prononcée contre tout étranger condamné ;

2. l'interdiction de séjour, pour une durée de trois à sept ans, dans certaines circonscriptions administratives ;

3. l'interdiction de quitter le territoire national et le retrait du passeport, pour une durée de deux à cinq ans ;

4. l'interdiction de l'exercice des droits civils et politiques, pour une durée de deux à cinq ans ;

5. l'interdiction de conduire des engins à moteur terrestres, marins et aériens et le retrait des permis ou licences, pour une durée de cinq à dix ans ;

6. l'interdiction définitive ou pour une durée de cinq à dix ans d'exercer la profession ou l'activité à l'occasion de laquelle l'infraction a été commise et l'interdiction d'exercer une fonction publique ;

7. l'interdiction d'émettre des chèques autres que ceux qui permettent le retrait de fonds par le tireur auprès du tiré ou ceux qui sont certifiés et l'interdiction d'utiliser des cartes de paiement pendant cinq à dix ans ;

8. l'interdiction de détenir ou de porter une arme soumise à autorisation, pendant cinq à dix ans ;

9. la confiscation de tout ou partie des biens d'origine licite du condamné ;

10. la confiscation du bien ou de la chose qui a servi ou était destinée à commettre l'infraction ou de la chose qui en est le produit, à l'exception des objets susceptibles de restitution.

b) La sanction des institutions financières

Sont punis d'un emprisonnement de douze mois à quatre ans et d'une amende de deux cent mille francs à trois millions de francs CFA ou de l'une de ces deux peines seulement, les personnes et dirigeants ou préposés des institutions financières, lorsque ces derniers auront intentionnellement :

1. fait au propriétaire des sommes ou à l'auteur des actes visés à l'article 8 de la loi uniforme relative à la lutte contre le blanchiment de capitaux et le financement du terrorisme dans les États membres de l'UMOA (financement du terrorisme), des révélations sur la déclaration qu'ils sont tenus de faire ou sur les suites qui lui ont été réservées ;

2. détruit ou soustrait des pièces ou documents relatifs aux opérations et transactions visées aux articles 32, 33, 35 et 37 à 40 de la loi uniforme relative à la lutte contre le blanchiment de capitaux et le financement du terrorisme dans les États membres de l'UMOA ;

3. réalisé ou tenté de réaliser sous une fausse identité l'une des opérations visées par les dispositions des articles 18 et 21, 26 à 34, 36,38 à 40 et 50 à 58 de la loi uniforme relative à la lutte contre le blanchiment de capitaux et le financement du terrorisme dans les États membres de l'UMOA ;

4. informé, par tous moyens, la (les) personne(s) visée(s) par l'enquête menée pour les faits de financement du terrorisme dont ils auront eu connaissance, en raison de leur profession ou de leurs fonctions ;

5. procédé à de fausses déclarations ou communications lors de la réalisation de l'une des opérations visées par les dispositions des articles 24 à 39 de la loi uniforme relative à la lutte contre le blanchiment de capitaux et le financement du terrorisme dans les États membres de l'UMOA ;

6. communiqué des renseignements ou documents à des personnes autres que les autorités judiciaires, les agents de l'État chargés de la détection et de la répression des

infractions liées au financement du terrorisme, agissant dans le cadre d'un mandat judiciaire, les autorités de contrôle et la CENTIF ;

7. omis de procéder à la déclaration de soupçon, prévue à l'article 79 de la loi uniforme relative à la lutte contre le blanchiment de capitaux et le financement du terrorisme dans les États membres de l'UMOA, alors que les circonstances amenaient à déduire que les fonds pouvaient être liés, associés ou destinés à être utilisés à des fins de financement du terrorisme tel que défini par les dispositions de l'article 8 de la loi uniforme relative à la lutte contre le blanchiment de capitaux et le financement du terrorisme dans les États membres de l'UMOA.

Sont punis d'une amende de cent mille francs à un million cinq cent mille francs CFA, les personnes et dirigeants ou préposés des institutions financières, lorsque ces derniers auront non intentionnellement :

1. omis de faire la déclaration de soupçon, prévue à l'article 79 de la loi uniforme relative à la lutte contre le blanchiment de capitaux et le financement du terrorisme dans les Etats membres de l'UMOA ;

2. contrevenu aux obligations de vigilance et de déclaration de soupçon que leur imposent les dispositions de la loi uniforme relative à la lutte contre le blanchiment de capitaux et le financement du terrorisme dans les États membres de l'UMOA.

Des sanctions pénales complémentaires facultatives restent aussi possibles pour les personnes physiques déclarées coupables.

Nb : Aussi bien pour les personnes physiques que pour les institutions financières, aucune sanction pénale prononcée pour infraction de financement du terrorisme ne peut être assortie du sursis.

7. Causes d'exemption et d'atténuation des sanctions pénales

Il est à noter des causes d'exemption et des causes d'atténuation de la sanction pénale.

a) Causes d'exemption de sanctions pénales

Toute personne coupable, d'une part, de participation à une association ou à une entente, en vue de commettre un blanchiment de capitaux ou de financer le terrorisme et, d'autre part, d'aide, d'incitation ou de conseil à une personne physique ou morale en vue de les exécuter ou d'en faciliter l'exécution, est exemptée de sanctions pénales si, ayant révélé l'existence de cette entente, association, aide ou conseil à l'autorité judiciaire, elle permet ainsi, d'une part, d'identifier les autres personnes en cause et, d'autre part, d'éviter la réalisation des infractions de blanchiment de capitaux et de financement du terrorisme.

b) Causes d'atténuation de sanctions pénales

Les peines encourues par toute personne, auteur ou complice de blanchiment de capitaux ou de financement du terrorisme qui, avant toute poursuite, permet ou facilite l'identification des autres coupables ou après l'engagement des poursuites, permet ou facilite l'arrestation de ces derniers, sont réduites de moitié. En outre, ladite personne est exemptée de l'amende et, le cas échéant, des mesures accessoires et peines complémentaires facultatives.

En matière de financement du terrorisme, lorsque la peine encourue est la réclusion criminelle à perpétuité, celle-ci est ramenée à vingt ans.

8. Peines complémentaires obligatoires

Outre la sanction pénale, la loi exige la confiscation obligatoire des produits tirés du blanchiment de capitaux et celle des fonds et autres ressources financières liés au financement du terrorisme.

a) Confiscation obligatoire des produits tirés du blanchiment de capitaux

Dans tous les cas de condamnation pour infraction de blanchiment de capitaux ou de tentative, les tribunaux ordonnent la confiscation au profit de l'État, des biens qui ont servi ou qui étaient destinés à commettre l'infraction, des produits tirés de l'infraction, des biens mobiliers ou immobiliers dans lesquels ces produits sont transformés ou convertis et, à concurrence de leur valeur, des biens acquis légitimement auxquels lesdits produits sont mêlés ainsi que des revenus et autres avantages tirés de ces produits, des biens en lesquels ils sont transformés ou investis ou des biens auxquels ils sont mêlés à quelque personne que ces produits et ces biens appartiennent, à moins que leur propriétaire n'établisse qu'il ignore leur origine frauduleuse.

b) Confiscation obligatoire des fonds et autres ressources financières liés au financement du terrorisme

Dans tous les cas de condamnation pour infraction de financement du terrorisme ou de tentative, les tribunaux ordonnent la confiscation au profit du Trésor Public, des fonds et autres ressources financières liés à l'infraction, ainsi que de tout bien mobilier ou immobilier destiné ou ayant servi à la commission de ladite infraction. L'État peut affecter les fonds et autres ressources financières ainsi que les biens visés à un fonds de lutte contre le crime organisé ou à l'indemnisation des victimes du terrorisme ou de leurs ayants droit.

La décision ordonnant une confiscation identifie et localise les fonds, biens et autres ressources financières concernés.

Lorsque les fonds, biens et autres ressources financières à confisquer ne peuvent être représentés, leur confiscation peut être ordonnée en valeur.

Toute personne qui prétend avoir un droit sur un bien ou des fonds ayant fait l'objet d'une confiscation peut, pour être rétablie dans ses droits, saisir la juridiction qui a rendu la décision de confiscation dans un délai de six mois, à compter de la notification de la décision.

BIBLIOGRAPHIE

Ouvrages et thèses

A. A. DIENG, Le rôle du système bancaire dans la mise en valeur de l'Afrique de l'Ouest, NEA 1982.

C. A. W. NDIAYE, Le développement du crédit-bail au Sénégal, Thèse UCAD, 2013.

M. R. TCHEUMALIEU FANSI, Droit et pratique bancaire dans l'espace OHADA, L'Harmattan, 2013.

O. SOW, La sécurisation des engagements bancaires dans les Etats-parties au Traité de l'OHADA, NENA, 2010.

S. THIAM, Les indigènes paysans entre maisons de commerce et administration coloniale : Pratiques et institutions de crédit au Sénégal (1840-1940), Thèse Montpellier I et Gaston BERGER, 2001.

Articles

A. SAKHO, Un cadre réglementaire pour une révolution venue d'AFRIQUE : les services financiers par téléphone mobile, Rev. LAMY de la Concurrence, Droit-Economie-Régulation, Trimestre Oct.-Déc. 2015, Wolters Kluwer.

C. Dragon, D. Geiben, D. Kaplan, G. Nallard, « Les moyens de paiements, Des espèces à la monnaie électronique », Banque, pp. 18-63, 1997.

J. M. SERVET, « Banquiers aux pieds nus. La microfinance » Editions Odile Jacob, 2006.

J.-Y. FOREL, Les moyens de paiements, quelle innovation ? Revue d'économie financière.

P.-G. POUGOUE et autres, Intermédiaires de commerce, in Encyclopédie du droit Ohada (sous la dir. P.-G. POUGOUE), Lamy, 2011.

Ph. DEROUIN, Le paiement de la dette d'autrui – Répétition de l'indu et enrichissement sans cause, Recueil Dalloz Sirey, 1980.

R. NORD, Le défi du financement dans les pays en développement, in Quel secteur pour le financement des économies de l'UEMOA ?, L'harmattan, 2011.

Riel Miller, Wolfgang Michalski et Barrie Stevens, L'avenir de l'argent, in L'avenir de l'argent, OCDE 2002.

Rapport

Rapport Consortium pour la Recherche Economique et Sociale – CRES, Adoption et impact de l'utilisation du mobile banking sur le bien être des ménages : le cas de la banlieue de Dakar au Sénégal, 2013.

Réglementation

BCEAO, Instruction n° 008-05-2015 régissant les conditions et modalités d'exercice des activités des émetteurs de monnaie électronique dans les Etats membres de l'UMOA.

BCEAO, Instruction n° 01/2006/SP du 31 juillet 2006 relative à l'émission de monnaie électronique et aux établissements de monnaie électronique

BCEAO, Instruction n° 013-11-2015 relative aux modalités d'exercice de l'activité de transfert rapide d'argent en qualité de sous-agent au sein de l'UMOA.

BCEAO, Instruction n° 11-12/2010/RB relative au classement, aux opérations et à la forme juridique des établissements financiers à caractère bancaire.

BCEAO, Instruction n° 11-12/2010/RB relative au classement, aux opérations et à la forme juridique des établissements financiers à caractère bancaire.

BCEAO, Instruction n°018-04-2011 établissant la liste des documents et informations constitutifs du dossier de déclaration d'intention d'installation dans le cadre de l'agreement unique.

BCEAO, note d'information n° 5/2010.

Décret n° 2009-95 en date du 6 février 2009, portant création et organisation de l'Observatoire de la Qualité des Services Financiers (O.Q.S.F/Sénégal), J.O. n° 6474 du Samedi 13 juin 2009.

Loi n° 2008-26 du 28 juillet 2008 portant règlement bancaire, J.O. n° 6437 du Samedi 8 novembre 2008.

Loi n° 2014-02 du 6 janvier 2014 portant réglementation des Bureaux d'Information sur le Crédit dans les États membres de l'Union monétaire Ouest africaine (UMOA), J.O. n° 6767 mardi 7 janvier 2014 N-S.

Loi n°2008-47 du 3 septembre 2008 portant réglementation des systèmes financiers décentralisés au Sénégal, J.O. n° 6452 du Samedi 31 janvier 2009.

Loi uniforme n° 2008-48 relative à la répression des infractions en matière de chèque, de carte bancaire et d'autres instruments et procédés électronique de paiement.

Loi uniforme n° 2018-03 du 23 février 2018_relative à lutte contre le blanchiment de capitaux et le financement du terrorisme.

Règlement n° 15/2002/CM/UEMOA relatif aux systèmes de paiement dans les États membres de l'UEMOA.

Traité du 12 mai 1962 instituant l'Union Monétaire Ouest Africaine (UMOA).

Traité du 13 janvier 1994de l'Union Economique et Monétaire Ouest Africaine (UEMOA).

Jurisprudence

Avis n° 001/2003 de la Cour de justice de l'UEMOA, en date du 18 mars 2003

Cass. 1re civ. 13 juillet 2004, JCP 2004, IV, 2957.

Cass. 1re civ., 18 juin 1980, Bull. civ. I, n° 191, p. 155

Cass. 1re civ., 24 octobre 2006, n° 05-18.023, Bull. civ. I, n° 439, p. 376.

Cass. 1re civ., 3 avril 1979, Bull. civ. I, n° 110, p. 89.

Cass. civ., 2 mars 1915, DP 1920, 1, 102.

Cass. com., 10 mai 2011, n° 10-17.952, Rev. Lamy dr. aff. 1/2012, p. 69, obs. Grignon.

Cass. com., 15 octobre 2002, Contrats, conc. consom. 2003, n° 19, obs. Leveneur.

Cass. com., 15 septembre 2009, n° 08-15.613, RJDA 1/2010, n° 1072.

Cass. com., 16 octobre 2001, RJDA 2/2002, n° 149.

Cass. com., 28 mai 2002, Bull. civ. IV, n° 91.

Cass. com., 8 juin 1968, JCP 69, II, 18331, note Thuillier.

CJCE 6 juillet 1964 ; Costa, Précité

CJCE, arrêt du 15 juillet 1964, Costa ; aff. n°6/64 ; Rec., 1141.

CJCE, arrêt du 9 mars 1978, Simmenthal ; aff. n° 106/77 ; Rec., 629.

TABLE DES MATIÈRES

Le Sénégal

aux éditions L'Harmattan

Dernières parutions

L'ESTHÉTIQUE SOCIALE DES PULAAR
Socioanalyse d'un groupe ethnolinguistique
Sy Harouna
L'esthétique sociale pulaar est une mise en ordre éthique de la vie sociale. Elle est l'inventaire systématique de ce qu'il y a de beau et de laid dans le social relativement à ses valeurs, à ses normes, à ses règles et à ses codes qui commandent des postures, des relations, des rapports et des qualités appropriés. L'analyse des contradictions de la société pulaar du Fuuta Tooro a révélé des logiques et des stratégies fondées sur des rapports de castes et sur les représentations sociales que ces rapports produisent.
(31.00 euros, 304 p.)
ISBN : 978-2-343-11189-6, ISBN EBOOK : 978-2-14-002810-6

LE BAYNUNK GUNAAMOLO, UNE LANGUE DU SUD DU SÉNÉGAL
Analyse phonologique, morphologique et syntaxique
Diop Sokhna Bao - Préface de Denis Creissels
Le Sénégal est un pays multilingue avec des langues majoritaires et des langues minoritaires, de par le nombre de leurs locuteurs, mais également de par la quantité de travaux dont chacune dispose. Les langues majoritaires ont fait l'objet de nombreuses recherches, à la différences des langues minoritaires. Ce constat est à l'origine du choix porté sur la description de la variante gunaamolo du baynunk (parlé au sud du Sénégal, plus précisément à Niamone, dans la région de Ziguinchor) qui est une langue en danger très peu décrite. L'utilité et l'intérêt de ce travail résident dans la sauvegarde et la connaissance de cette langue et sa communauté. Elle peut servir aussi de référence à des recherches futures.
(Coll. Études africaines, 38.50 euros, 392 p.)
ISBN : 978-2-343-09614-8, ISBN EBOOK : 978-2-14-002913-4

DE L'HÉRITAGE ARABO-ISLAMIQUE SAINT-LOUISIEN
Une illustration par les œuvres d'Abbas Sall et d'Abdoulaye Fall Magatte
Fall Cheikh Tidiane - Préface de Samba Dieng et Postface de Mouhamed Habib Kébé
Cet ouvrage porte sur la réhabilitation du legs culturel arabo-islamique ouest-africain en général et saint-louisien en particulier. Revaloriser un pan du patrimoine culturel par l'entremise de l'imagination poétique locale de deux intellectuels demeure l'objectif principal de cette étude. Une partie descriptive

constituée de la traduction d'une cinquantaine de poèmes suivie d'un volet analytique constitue la méthodologie de ce travail de recherche. La moisson tirée de ce travail préliminaire apporte quelques éclairages sur l'intérêt de la traduction de manuscrits arabes, notamment ceux produits par d'éminents ulémas du Sénégal, tels les deux poètes faisant l'objet de cette étude.
(Harmattan Sénégal, 35.00 euros, 340 p.)
ISBN : 978-2-343-11306-7, ISBN EBOOK : 978-2-14-003014-7

L'AGRICULTURE DU SÉNÉGAL SOUS LA COLONISATION
Diop Ismaïla
L'introduction de l'arachide au Sénégal au début du XXe siècle révolutionne le paysage agricole. La France décide alors de faire du Sénégal une colonie arachidière. Le Sénégal devient la troisième puissance arachidière du monde après les États-Unis et l'Inde. Cette monoculture extensive aboutit à un déficit vivrier chronique, une dégradation des sols, une dépendance vis-à-vis des importations de riz en provenance d'Asie. Pour y remédier, le rapport de la mission Roland Portères de 1952 recommande des mesures d'aménagement du territoire, de restauration des sols, de promotion de l'agriculture intégrée sérère.
(Harmattan Sénégal, 23.50 euros, 218 p.)
ISBN : 978-2-343-11129-2, ISBN EBOOK : 978-978-2-14-002836-6

CASAMANCE
À quand la paix ?
Bassène René Capain – Préface du père Nazaire Diatta
Malgré leur volonté et leur engagement affichés d'aller vers la fin du conflit armé en Casamance, la position des parties en guerre n'a jamais réellement évolué. L'État du Sénégal se dit prêt à négocier sur tous les points, sauf sur ceux relatifs à l'intégrité territoriale et l'unité nationale, alors que, de son côté, le MFDC soutient une position contraire en déclarant être disposé à ne négocier que sur la question se rapportant à l'indépendance totale de la Casamance. Cette situation montre que le conflit armé est encore loin de finir en Casamance.
(28.50 euros, 276 p.)
ISBN : 978-2-343-10426-3, ISBN EBOOK : 978-2-14-002593-8

PARCOURS D'UN JOURNALISTE AUTODIDACTE
Ndiaye Pape Ngagne
Préface de Mamoudou Ibra Kane
Pape Ngagne Ndiaye, par son style, est devenu un rendez-vous incontournable de l'espace audiovisuel sénégalais. L'émission «Faram Faccce» qu'il anime présentement sur TFM est très courue des hommes et femmes politiques pressés de se soumettre au feu roulant et nourri des questions du redoutable interviewer, unique dans son genre. Ce livre n'est pas seulement une autobiographie, mais aussi une réflexion thématique et une sélection rigoureuse de certains numéros de la célèbre émission qui se veut «un décryptage des questions majeures de l'actualité nationale».
(37.00 euros, 360 p.)
ISBN : 978-2-343-09916-3, ISBN EBOOK : 978-978-2-14-002822-9

DES FRANCENABE AUX MODOU-MODOU
L'émigration sénégalaise contemporaine
Fall Papa Demba - Préface du Professeur Abdoulaye Bara Diop
Principalement centré sur la France et ses anciennes colonies d'Afrique, le champ migratoire sénégalais s'est, de manière originale, progressivement étendu à des destinations naguère méconnues ou peu fréquentées (comme les États-Unis, l'Italie, l'Espagne, l'Afrique du Sud ou le Brésil). Peu à peu, les migrants sont devenus des acteurs incontournables du développement. La prise en compte de ces populations, et de leurs mouvements, devient donc nécessaire aux programmes et politiques de développement durable.
(Harmattan Sénégal, 40.00 euros, 559 p., Illustré en noir et blanc)
ISBN : 978-2-343-10796-7, ISBN EBOOK : 978-2-14-002539-6

«DOYEN» AMADY ALY DIENG, LE TRANSMETTEUR INTÉGRAL (1932-2015)
Économie biographique ou sémio-Histoire
Ngaïdé Abdarahmane
Amady Ali Dieng nous a quittés il y a un an. Pour lui rendre hommage et s'en rappeler les enseignements, l'auteur de cet ouvrage a décidé de compiler ses nombreux écrits ou interventions. Les quatorze textes qui composent cette anthologie sont représentatifs et significatifs de la personnalité, du style et des préoccupations d'Amady Ali Dieng. On y retrouve son style, son humour et son esprit critique.
(Harmattan Sénégal, 23.50 euros, 228 p., Illustré en noir et blanc)
ISBN : 978-2-343-10855-1, ISBN EBOOK : 978-2-14-002561-7

41 RULES TO BE HAPPY
Kane Babaly
Seeing that happiness is the goal towards which all men strive for, the author wrote this book to help the reader in treasuring the joyous of life and realizing his desires in entirety, to be fulfilled, to claw his way to the top and to assure him it will turn out well in the end. Moreover, this book intends to give the keys us to get the secret for reaching we want in this life. 41 rules to be happy is a little self help book which has 41 rules that are meant to allow every reader to live life in full potential.
(Harmattan Sénégal, 14.50 euros, 138 p.)
ISBN : 978-2-343-10904-6, ISBN EBOOK : 978-2-14-002583-9

SÉNÉGAL
Les limites du Plan Sénégal Émergent
Mansour Samb El Hadji
Cet ouvrage présente une analyse profonde des politiques publiques en décortiquant le Plan Sénégal Émergent (PSE) qui jusque-là n'a fait l'objet d'aucune analyse critique sérieuse. Le Sénégal est face à un défi, le défi de son émergence, un défi qu'il compte relever avec tous ses fils. Ce défi qui mobilise aujourd'hui tout le monde doit nous pousser à proposer de nouveaux chemins et à animer un débat nécessaire et incontournable dans tout processus d'émergence.
(Harmattan Sénégal, 27.00 euros, 276 p.)
ISBN : 978-2-343-09721-3, ISBN EBOOK : 978-2-14-002372-9

Structures éditoriales du groupe L'Harmattan

L'Harmattan Italie
Via degli Artisti, 15
10124 Torino
harmattan.italia@gmail.com

L'Harmattan Hongrie
Kossuth l. u. 14-16.
1053 Budapest
harmattan@harmattan.hu

L'Harmattan Sénégal
10 VDN en face Mermoz
BP 45034 Dakar-Fann
senharmattan@gmail.com

L'Harmattan Cameroun
TSINGA/FECAFOOT
BP 11486 Yaoundé
inkoukam@gmail.com

L'Harmattan Burkina Faso
Achille Somé – tengnule@hotmail.fr

L'Harmattan Guinée
Almamya, rue KA 028 OKB Agency
BP 3470 Conakry
harmattanguinee@yahoo.fr

L'Harmattan RDC
185, avenue Nyangwe
Commune de Lingwala – Kinshasa
matangilamusadila@yahoo.fr

L'Harmattan Congo
67, boulevard Denis-Sassou-N'Guesso
BP 2874 Brazzaville
harmattan.congo@yahoo.fr

L'Harmattan Mali
Sirakoro-Meguetana V31
Bamako
syllaka@yahoo.fr

L'Harmattan Togo
Djidjole – Lomé
Maison Amela
face EPP BATOME
ddamela@aol.com

L'Harmattan Côte d'Ivoire
Résidence Karl – Cité des Arts
Abidjan-Cocody
03 BP 1588 Abidjan
espace_harmattan.ci@hotmail.fr

L'Harmattan Algérie
22, rue Moulay-Mohamed
31000 Oran
info2@harmattan-algerie.com

L'Harmattan Maroc
5, rue Ferrane-Kouicha, Talaâ-Elkbira
Chrableyine, Fès-Médine
30000 Fès
harmattan.maroc@gmail.com

Nos librairies en France

Librairie internationale
16, rue des Écoles – 75005 Paris
librairie.internationale@harmattan.fr
01 40 46 79 11
www.librairieharmattan.com

Librairie l'Espace Harmattan
21 bis, rue des Écoles – 75005 paris
librairie.espace@harmattan.fr
01 43 29 49 42

Lib. sciences humaines & histoire
21, rue des Écoles – 75005 paris
librairie.sh@harmattan.fr
01 46 34 13 71
www.librairieharmattansh.com

Lib. Méditerranée & Moyen-Orient
7, rue des Carmes – 75005 Paris
librairie.mediterranee@harmattan.fr
01 43 29 71 15

Librairie Le Lucernaire
53, rue Notre-Dame-des-Champs – 75006 Paris
librairie@lucernaire.fr
01 42 22 67 13

www.ingramcontent.com/pod-product-compliance
Lightning Source LLC
LaVergne TN
LVHW021227061026
849535LV00008B/2961